Gottesdienst menschlich

Friedrich Karl Barth
Gerhard Grenz, Peter Horst

Gottesdienst menschlich

Eine Agende

Gesamtausgabe

Peter Hammer Verlag

Überarbeitete Zusammenfassung der Bände
Gottesdienst menschlich 1 und 2, Jugenddienst-Verlag

CIP-Titelaufnahme der Deutschen Bibliothek

Barth, Friedrich K.:
Gottesdienst menschlich : eine Agende / Friedrich Karl Barth ;
Gerhard Grenz ; Peter Horst. – Gesamtausg. – Wuppertal :
Hammer, 1990
ISBN 3-87294-414-2
NE: Grenz, Gerhard:; Horst, Peter:

Umschlaggestaltung: Magdalene Krumbeck
Druck und Bindung: Plambeck & Co, Neuss

INHALT

Vorwort zur Gesamtausgabe

Der Peter Hammer Verlag legt diese in den Texten unveränderte Wiederauflage von „Gottesdienst menschlich“ in einem Band – der andauernden Nachfrage halber – vor. Wir haben die Erläuterungen des Anhangs aus beiden Bänden herausgenommen. Unsere Intention kommt in den musterhaften Texten zur Geltung.

Wir freuen uns darüber, daß sowohl im Feld der Kasualien als auch im Feld der Gottesdienste mittlerweile das Sprachbewußtsein erwacht, von dem wir erfahren haben, daß es vernünftiger Frömmigkeit ebenso entgegenkommt wie lebendiger Liturgie. Ohne beides werden unsere Kirchen verkümmern.

So hoffen wir mit unserem in die Jahre gekommenen Beispiel, Menschen zu gegenwärtiger Sprach- und Liturgiegestalt zu ermutigen, und freuen uns auf den Tag, an dem ein junges Werk das unsere aufnimmt, indem es uns ablöst. – Dem Peter Hammer Verlag danken wir.

Frankfurt, am 31. Januar 1990

Im Namen der Autoren:

Friedrich Karl Barth

Taufe

ORGELVORSPIEL

BEGRÜSSUNG

Zu Beginn sollten die Eltern und Paten in freier Form begrüßt werden. Wenn die Taufe im Gemeindegottesdienst stattfindet oder mehrere Kinder getauft werden, empfiehlt es sich, die Familien vorzustellen.

TAUFLIED
(nach der Melodie »Liebster Jesu, wir sind hier«, EKG 151)

Kind, du bist uns anvertraut.
Wozu werden wir dich bringen?
Wenn du deine Wege gehst,
wessen Lieder wirst du singen?
Welche Worte wirst du sagen
und an welches Ziel dich wagen?

Kampf und Krieg zerreißt die Welt,
einer drückt den andern nieder.
Dabei zählen Macht und Geld,
Klugheit und gesunde Glieder.
Mut und Freiheit, das sind Gaben,
die wir bitter nötig haben.

Freunde wollen wir dir sein,
sollst des Friedens Brücken bauen.
Denke nicht, du stehst allein;
kannst der Macht der Liebe trauen.
Taufen dich in Jesu Namen.
Er ist unsre Hoffnung. Amen.

oder:

»Nun jauchzt dem Herrn alle Welt« (EKG 187, 1.2.5.6)
»All Morgen ist ganz frisch und neu« (EKG 336, 1–4)

TAUFEVANGELIUM MIT MEDITATION

An einem Tag wie diesem freuen wir uns – bejahen die Welt, die uns glücklich macht. Aber sie macht uns auch angst. Wir haben nicht nur Hoffnungen, sondern auch Sorgen. Wir zweifeln, ob es uns gelingt, in Güte und Frieden miteinander zu leben.
Jesus sagt: Fürchtet euch nicht! Mir ist alle Macht gegeben im Himmel und auf Erden. Darum geht hin und gewinnt die Menschen aller Völker für meine Sache: Tauft sie in den Namen des Vaters und des Sohnes und des heiligen Geistes; helft ihnen, so zu leben, wie ich es euch gezeigt habe. Und denkt daran: Ich bin vor euch jeden Tag bis zum Ende der Welt.

(Matthäus 28, 10a. 18–20)

Wir hören diesen Worten zu; vielleicht werden sie auch für uns lebendig – wecken Hoffnung, schaffen Raum für Liebe. Friede bietet sich an, der uns begleiten will – weiterwirken durch uns, gewinnen gegen Gewalt und Resignation.
Gott des Friedens, befreie uns, daß wir nicht Angst haben und Angst verbreiten, sondern Raum gewinnen und Spielraum gewähren.
So taufen wir diese(s) Kind(er) und hoffen, daß unser Glaube sich bewährt.

oder:

TAUFEVANGELIUM MIT BEKENNTNIS

Christus spricht: Mir ist alle Macht gegeben – im Himmel und auf Erden. Darum geht hin und macht alle Völker zu meinen Freunden: Tauft sie in den Namen des Vaters und des Sohnes und des heiligen Geistes und lehrt sie, alles zu halten, was ich euch aufgetragen habe. Und siehe, ich bin bei euch alle Tage bis zum Ende der Welt.

(Matthäus 28, 18–20)

GLAUBENSBEKENNTNIS

Über die Wahl des Bekenntnisses sollte mit den Eltern vorher gesprochen werden. Man kann den Text vervielfältigen und das Bekenntnis gemeinsam sprechen.

Wir vertrauen auf die Macht des Friedens und der Liebe. Daß unsere Welt ungerecht und rücksichtslos ist, wissen wir: man will es um jeden Preis zu etwas bringen. Das Beispiel Jesu macht uns Mut, diese Welt anders zu gestalten: Gutes beim Namen zu nennen und Böses nicht hinzunehmen, Gerechtigkeit herbeizuführen, die Freiheit anderer zu achten und menschlich miteinander zu leben.

Wenn das Apostolische Glaubensbekenntnis gewählt wird, kann mit folgenden Worten dazu aufgefordert werden:
»Uns verbindet der Glaube, der uns allen zugetraut ist. Mit den Worten, die die Kirche in alter Zeit als Bekenntnis dieses Glaubens gefunden hat, sprechen wir das gemeinsam aus.«
Wenn ein Glaubensbekenntnis aus unserer Zeit gewählt wird, kann mit folgenden Worten dazu aufgefordert werden:
»Uns verbindet der Glaube, der uns allen zugetraut ist. Mit den Worten eines Bekenntnisses aus unserer Zeit sprechen wir das gemeinsam aus.«

Ich glaube, daß Jesus war, was wir sein sollten: Helfer und Freund aller, die ihn brauchten. Weil er liebte, mußte er leiden. Weil er so weit ging, mußte er sterben. Aber er starb nicht umsonst und unterlag in Wahrheit nicht. Er wird das letzte Wort behalten, und alle, die Toten, die Lebenden und die Kommenden, müssen sich messen lassen an ihm.
Ich glaube, daß mit Jesus ein neuer Geist in die Welt kam, der die verfeindeten Menschen in neuer Weise miteinander sprechen lehrt und sich als Brüder erkennen läßt; der uns ermutigt, den Aufstand der Liebe gegen den Haß fortzusetzen; der unser Urteil schärft, die Verzweiflung überwindet und ein verfehltes Leben lohnend macht.
Ich glaube, daß ich durch Jesus erfahre, was Gott vermag. So wie ich verdanken sich ihm alle Menschen, auch wenn sie es nicht wissen. So wie mir gibt er der ganzen Welt Zukunft und Sinn. Ihm sind wir verantwortlich in allem, was wir tun.

(nach Martin Ohly)

oder:

Wir glauben an Gott, der unserem Leben Sinn gibt – Ursprung und Ziel aller Wirklichkeit, durch den wir mit allem verbunden sind.
Und an Jesus Christus, unsern Herrn – ein Mensch, geboren wie wir, in dem das eigentliche Leben war, die Nähe Gottes und dessen Macht, uns in ein neues, unverdient geschenktes Leben in Freiheit und Dankbarkeit zu rufen. Abgelehnt von den Menschen, ausgeliefert an die Staatsmacht, in Kreuz und Tod ausgesetzt der tiefsten Sinnlosigkeit, ruft er uns trotzdem zur Entscheidung und gibt uns Mut zum Glauben, Lieben, Hoffen, weil er nun teilhat an Gottes lebenschaffender Wirklichkeit, die auf uns zukommt, uns fordert und begnadigt.

Wir glauben an seine gegenwärtige Wirksamkeit, daß in ihm alle Kirchen eins sind, daß verbindliche Gemeinschaft durch ihn möglich ist, daß er uns befreit von aller Entfremdung unseres Lebens und Hoffnung sinnvoll macht, selbst angesichts des Todes. Wir glauben, Herr, hilf unserem Unglauben.

(Mitten unter uns)

oder:

Wir glauben an Gott, aus dem, durch den und auf den hin alle Dinge ihr Wesen und Dasein haben.
Wir glauben, daß Gott in unserer Welt am Werk ist: in der Kraft jener Liebe, die wir in Jesus Christus erkannt haben.
Wir glauben an den Sinn und die Würde unseres Lebens, weil Gott den Menschen liebt und dem die Treue hält, den er zur Mitarbeit an seiner Schöpfung ruft.
Wir glauben, daß nur Gottes heiliger Geist die Ketten unserer Ichsucht sprengen kann und daß nur er die Gemeinschaft unter Menschen und mit anderen Völkern möglich macht.
Wir glauben, daß Gott aus allen Rassen und jedem Volk seine Kirche baut, eine Gemeinschaft von Menschen, die er zu Kampf und Hingabe ruft, als die Zeugen seines kommenden Reiches.
Wir glauben an die Zukunft der Menschheit, weil Gottes Liebe in ihrer alles bezwingenden Kraft endgültig siegen wird über die dämonischen Mächte des Bösen.
In diesem Glauben erwarten wir das Kommen seines Reiches: eines Reiches der Gerechtigkeit, voll Frieden und Freude.

(Alfred Schilling)

*

So taufen wir diese(s) Kind(er) und hoffen, daß unser Glaube sich bewährt.

TAUFE

Wie heißt das Kind?

Nachdem der Name des Kindes genannt ist, begießt der Pfarrer den Kopf des Kindes dreimal mit Wasser und spricht dabei:

N. N., wir taufen dich in den Namen des Vaters und des Sohnes und des heiligen Geistes.

Gott ist das Haus, das dich schützt,
der Weg, der ins Freie führt,
der Freund, der ehrlich bleibt
(das Lachen, das verbindet,
das Weinen, das befreit).

oder:

Gott ist Liebe; und wer in der Liebe bleibt, der bleibt in Gott und Gott in ihm.

(1. Johannes 4, 16b)

oder:

So spricht der Herr: Fürchte dich nicht, denn ich habe dich befreit, ich habe dich bei deinem Namen gerufen; du bist mein!

(Jesaja 43, 1)

oder:

Sei getrost und unverzagt, laß dir nicht grauen und entsetze dich nicht! Denn Gott ist mit dir in allem, was du tun wirst.

(Josua 1, 9)

SEGENSWORT FÜR ELTERN UND PATEN

Gott segne Sie (Eltern und Paten):
Das Lachen Ihrer Kinder begleite Sie;
für andere sei Ihre Tür offen.
Dann werden Ihre Kinder gern nach Hause kommen,
und Sie werden Freunde haben.

oder:

Gott segne Sie:
Er gebe Ihnen Augen für gewährtes Glück
und Tapferkeit nach versagten Träumen.

oder:

Liebe Eltern (und Paten):
Denken Sie daran, daß Ihr Kind getauft ist –
in allem, was Ihnen gelingt oder fehlschlägt,
wenn Sie ja sagen wollen
oder wenn Sie nein sagen müssen.
Das wird gut sein für Sie und Ihr Kind.

LIED

Zum Beispiel:
»O heiliger Geist, o heiliger Gott« (EKG 104, 2–3)
»Du höchstes Licht, ewiger Schein« (EKG 337, 1–3)

ANSPRACHE

Der Ansprache kann ein Text zugrunde gelegt werden, zum Beispiel:

Hört, was Gott über uns Menschen sagt: Ich will ihnen meine Gebote ans Herz legen und sie ihnen ins Gewissen schreiben.

Ich werde ihr Gott sein, und sie werden mir glauben. Keiner wird den anderen belehren müssen und sagen: Denke an Gott! Sondern sie alle werden an mich denken – die Kleinen und die Großen. Denn ich will sie von Vergangenem freisprechen. Es muß nicht so bleiben, wie es war.

(Jeremia 31, 33b–34)

oder:

Hört, was Gott sagt: Ich will euch ein neues Gewissen geben. Ein neuer Geist wird euch leiten. Euer versteinertes Herz – ich will es erlösen und verwandeln in ein lebendiges menschliches Herz. Mein Geist wird in euch sein.

(Hesekiel 36, 26–27a)

oder:

Jesus sagte zu denen, die Zutrauen gewonnen hatten: Wenn ihr bei dem bleibt, was ich gesagt habe, dann seid ihr meine wahren Freunde und werdet die Wahrheit erkennen. Und die Wahrheit wird euch frei machen.

(Johannes 8, 31–32)

oder:

So redete Jesus zu seinen Freunden: Dies habe ich euch immer wieder gesagt: Seid so füreinander da, wie ich für euch da bin. Ich gab euch mein Leben. Mehr kann keiner geben für die, die er liebhat.

(Johannes 15, 12–13)

oder:

Eine Frau, die gebären soll, hat Wehen, wenn ihre Stunde kommt. Doch wenn sie das Kind geboren hat, denkt sie nicht mehr an die Not – vor Freude darüber, daß sie einen Menschen zur Welt gebracht hat.

(Johannes 16,21)

oder:

Christus hat uns befreit. Verhaltet euch also wie freie Menschen. Besteht darauf und laßt euch nicht wieder einschüchtern!

(Galater 5,1)

Meditation

Statt der Ansprache kann auch eine Meditation gelesen werden, zum Beispiel:

Sie haben sich auf Ihr Kind gefreut, und wir freuen uns mit Ihnen. Kinder brauchen unsere Liebe. Wir möchten unsere Erfahrungen und unser Wissen weitergeben. Aber wir erkennen unsere Grenzen: auf liebgewordene Vorstellungen und Erwartungen müßten wir verzichten, damit die Kinder sich frei entwickeln zu selbständigen, urteilsfähigen Menschen. Werden wir die Liebe und Geduld aufbringen, Freiheit zu gewähren – oder Widerstand zu leisten, wo es nötig ist? Unsere Fehler und Schwächen können wir vor den Kindern nicht verbergen. Wir werden uns in ihnen wiedererkennen, im Guten und im Bösen. Andere Menschen werden auf sie Einfluß nehmen; wir möchten, daß zwischen den Kindern und uns Vertrauen bleibt. Wir brauchen Liebe, um zueinander zu finden; um beieinander zu bleiben, brauchen wir Vergebung. Darum denken wir an den Glauben, mit dem Jesus Verwirrungen und Ängsten begegnet ist, an die Hoffnung, die alle Enttäuschung überwindet.
Daran sollen wir Anteil haben.

LIED

Zum Beispiel:
»Ich bitt, laß dir befohlen sein« (EKG 149, 4)
»Wir bitten deine Güte« (EKG 227, 7–8)
»Der ewigreiche Gott« (EKG 228, 2)

GEBET

Uns sind Kinder anvertraut. Wir haben unsere Freude daran und unsere Last. An uns formt und entscheidet sich ihr Leben. Sie wachsen an unseren Gaben und nehmen Schaden an unseren Fehlern. Wir brauchen Einsicht, damit wir unsere Grenzen erkennen, damit wir unsere Macht über Kinder nicht mißbrauchen, sie nicht unseren Gefühlen und Wünschen opfern. Gott, laß uns in deinem Geist miteinander leben.
Wir möchten frei sein von Ängstlichkeit und ungerechter Härte. Wir brauchen Verständnis, aber auch Festigkeit, damit wir einander gerecht werden können. Wir brauchen Liebe, damit unsere Kinder frei und mutig werden, ihr Leben und die Welt zu gestalten. Dazu hilf uns, Gott.

oder:

Wir sind glücklich über dieses Kind (daß es gesund ist). Es gehört zu uns, aber wir besitzen es nicht. Es wird Zeiten geben, in denen unsere Kinder uns fremd werden und wir ihnen. Aber wir werden uns wieder finden, wenn wir es lernen, einander gelten zu lassen und uns nicht aufzudrängen; wenn wir es uns versagen, aus den Kindern etwas zu machen, was sie nicht sein können. Unbeschwert sollen sie leben als freie Menschen. Wenn wir ihnen dabei nicht im Wege stehen – das wäre gut. Damit sie uns nicht entgleiten, brauchen wir langen Atem. Begleiten möchten wir sie – loslassen, wenn es Zeit ist.

Gott, laß uns daran denken, wenn das Gespräch mit ihnen abreißt – aber auch dann, wenn sie im Vertrauen zu uns kommen.

oder für ein behindertes Kind:

Dieses Gebet ist zunächst eine Zusammenfassung dessen, was im Taufgespräch in einem solchen Falle berücksichtigt werden sollte. Wenn dieses Gebet im Taufgottesdienst gebraucht wird, muß es unbedingt vorher mit den Eltern besprochen und gegebenenfalls der seelsorgerlichen Situation entsprechend geändert werden.

Wir möchten die Taufe unseres Kindes so unbeschwert feiern wie andere. Aber die Sorge um die Zukunft dieses Kindes will das nicht zulassen. Uns ist eine besondere Aufgabe zugemutet, und wir hoffen, daß sie in uns auch besondere Fähigkeiten weckt: einfühlende Liebe, die die Schönheiten dieses Kindes entdeckt – Güte, die sich über jeden kleinen Fortschritt freuen kann und ihn fördert.
Wir glauben, daß Freude stärker sein kann als die Sorge. So fürchten wir uns nicht davor, daß der Vergleich mit anderen Kindern uns unzufrieden macht (oder wir uns unseres Kindes schämen; so werden uns mitleidige Blicke und Fragen anderer nicht verletzen), und wir werden es fertigbringen, das Kind nicht spüren zu lassen, daß es anders ist als die anderen (als seine Geschwister). Wir vertrauen darauf, daß sich Menschen finden, die sich unseres Kindes annehmen, wenn wir selber es nicht mehr können. Im Namen Jesu. Amen.

oder für ein adoptiertes Kind:

Wenn dieses Gebet im Taufgottesdienst gebraucht wird, muß es unbedingt vorher mit den Eltern besprochen und gegebenenfalls der seelsorgerlichen Situation entsprechend geändert werden.

Dieses Kind hat Eltern gefunden, die es liebhaben. Darüber freuen wir uns und hoffen, daß sich vorbehaltlose Liebe einstellt, wenn uns das Gefühl der Fremdheit ankommt. Viel Behutsamkeit wird nötig sein, wenn das Kind eines Tages fragen wird, woher es kommt. Wir hoffen, daß uns dann Worte gegeben sind, die Vertrauen erhalten. Wir möchten davor bewahrt bleiben, Eigenheiten unseres Kindes, die uns verunsichern, seiner Herkunft zuzuschreiben.
Daß Gott immer wieder die Zuneigung bei uns hervorruft, um gegenseitiges Verstehen zu werben, darauf vertrauen wir – und denken auch an die vielen Kinder, die keiner mag und die weniger Möglichkeiten haben, sich zu entfalten. Das tut uns leid; denn wir ahnen, was Liebe vermag.

UNSER VATER

SEGENSWORT

Der Gott des Friedens, der uns liebt und Hoffnung gibt, der mache uns getrost und bestärke uns in jedem guten Werk und Wort.

(nach 2. Thessalonicher 2, 16 f.)

oder:

Die Gnade unseres Herrn Jesus Christus und die Liebe Gottes und die Gemeinschaft des heiligen Geistes sei mit euch.

(2. Korinther 13, 13)

An dieser Stelle oder unmittelbar nach der Taufe kann ein Taufgeschenk von der Kirchengemeinde überreicht werden.

ORGELNACHSPIEL

Die Auswahl der Lesung, des Glaubensbekenntnisses und des Gebetes soll vorher mit dem Taufbewerber besprochen werden.

ORGELVORSPIEL

BEGRÜSSUNG

Der Pfarrer begrüßt den Taufbewerber und seine Begleiter etwa mit folgenden Worten:

Wir begrüßen Sie zu diesem Gottesdienst. Unser Gruß gilt besonders Ihnen, N. N. Sie wollen sich taufen lassen. Uns verbindet gemeinsamer Glaube.

TAUFEVANGELIUM

Die nicht schon auf alles eine Antwort wissen,
die sind gut dran,
denn ihnen tut sich die Welt Gottes auf.
Die unter den Zuständen leiden,
die sind gut dran,
denn sie werden Mut und Hoffnung gewinnen.
Die nicht auf Gewalt setzen,
die sind gut dran,
denn ihnen wird die Erde gehören.
Die keine Ruhe geben und
nach Gerechtigkeit schreien,
die sind gut dran,
denn sie werden zufrieden sein.

Die barmherzig sind,
die sind gut dran,
denn sie werden Barmherzigkeit erleben.
Die sich selbst und anderen nichts vormachen,
die sind gut dran,
denn sie werden Gott vor Augen haben.
Die den Frieden herbeiführen,
die sind gut dran,
denn ihnen wird man glauben, daß sie von Gott sind.
Die angefeindet werden wegen neuer Gerechtigkeit,
die sind gut dran,
denn ihnen tut sich die Welt Gottes auf.

(nach Matthäus 5, 3–10)

oder:

Jesus sagt: Wer mir glaubt, der glaubt nicht an mich, sondern läßt sich von dem bewegen, was mich bewegt. Und wer mich deutlich vor Augen hat, der sieht nicht mich, sondern es wird ihm klar, um was es mir geht. Ein Licht ist durch mich in die Welt gekommen, und jeder, der sich darauf einläßt, wird nicht mehr im Dunklen bleiben.
Wenn einer meine Worte hört und sich nicht darauf einläßt – ich verurteile ihn nicht. Denn ich bin nicht dazu da, die Welt zu verurteilen, sondern sie zu befreien. Wer mich abweist und meine Worte nicht ernst nimmt, der hat schon sein Urteil. Dann, wenn sich endgültig zeigt, worauf es ankommt, wird sich als wahr erweisen, was ich gesagt habe. Denn ich habe es mir nicht selbst zurechtgelegt, sondern die Wahrheit, die das Leben hervorbringt, die hat mich ergriffen und mich zu meinen Worten gedrängt. Gott redet aus mir – und das ist die Sprache des Lebens.

(Johannes 12, 44–50)

oder:

Jesus sagt: Ihr seid meine Freunde, wenn ihr für das einsteht, was ich meine. Ich halte euch nicht für kleine Leute, die nur Anweisungen auszuführen haben. Kleine Leute wissen nicht, was gespielt wird. Ich habe euch Freunde genannt. Ich habe euch vollkommenen Einblick gegeben in das, was mich leitet: daß Liebe wirklich geschieht. Das ist Gott. Ihr habt euch nicht für mich entschieden, sondern ich habe mich für euch entschieden – habe euch ermächtigt, selbständig darzustellen, was Zukunft hat. Wenn ihr so ernst darum ringt wie ich, wird es euch zufallen.

(Johannes 15, 14–17)

oder:

Mein ganzes Tun ist mir ein Rätsel. Ich weiß, es steckt in mir – das heißt: in dem Leben, das ich so führe – nicht viel Gutes. Ich kann wohl das Gute wollen, aber mir fehlt die Kraft, es auch zu vollbringen. Denn ich tue nicht das Gute, das ich eigentlich tun will – es ist eher wie ein böser Zwang. Ich entdecke so etwas wie ein Gesetz in mir: obwohl ich eigentlich Gutes im Sinn habe, kommt doch nur Schlechtes zustande. Ich unglücklicher Mensch! Wer wird mich befreien von diesem Todeskreis meines Lebens?
Gott sei Dank, daß wir an Jesus Christus glauben können.

(Römer 7, 15–25 in Auswahl)

oder:

Meine nicht, du müßtest die Grenzen der Wirklichkeit übersteigen oder in letzte Tiefen fallen, um Christus zu erleben.
Der Glaube redet ganz anders von ihm: das Wort, das du aussprichst und das dich wirklich bewegt – das ist gemeint mit

dem Glauben, von dem wir reden. Wenn du sagen kannst, daß das Beispiel Jesu in deinem Leben Macht hat, daß es dich ermutigt, für das Leben anderer einzustehen – dann bist du frei.
Das ist Auferstehung von den Toten.

(Römer 10, 6–9)

oder:

Glauben heißt: Christus erkennen und die Kraft seiner Auferstehung erfahren und an seinen Schmerzen teilhaben.
Freunde, ich bilde mir wirklich nicht ein, daß ich das schon erreicht hätte. Eins aber sage ich: mit dem, was hinter mir liegt, gebe ich mich nicht mehr ab, bin vielmehr ganz ausgerichtet auf das, was vor mir liegt. Ich will nicht behaupten, daß ich es schon geschafft hätte und schon am Ziel wäre. Ich bin ihm aber auf der Spur und setze alles daran, es zu ergreifen, weil ich doch von Christus ergriffen bin.
Alle, die wir nicht mehr Anfänger im Glauben sind, sollten so eingestellt sein. Wer von uns aber eine andere Einstellung dazu hat, dem wird Gott das auch noch klarwerden lassen. Nur zu dem, was uns an Einsicht schon gegeben ist – dazu laßt uns auch wirklich stehen.

(Philipper 3, 10–16 in Auswahl)

ANSPRACHE ODER GESPRÄCH

Grundlage für Ansprache oder Gespräch ist die vorausgegangene biblische Meditation.

LIED ODER MUSIK

GLAUBENSBEKENNTNIS

N. N., wir haben in unseren Gesprächen darüber nachgedacht, was uns mit dem Glauben zugetraut ist. Dies bringen wir zum

Ausdruck mit den Worten des von Ihnen bedachten Glaubensbekenntnisses (Gebetes) und mit Ihrer Taufe. Wir sprechen miteinander:

Beispiele neuer Bekenntnisse

Ich glaube, daß Jesus war, was wir sein sollten: Helfer und Freund aller, die ihn brauchten. Weil er liebte, mußte er leiden. Weil er so weit ging, mußte er sterben. Aber er starb nicht umsonst und unterlag in Wahrheit nicht. Er wird das letzte Wort behalten, und alle, die Toten, die Lebenden und die Kommenden, müssen sich messen lassen an ihm.
Ich glaube, daß mit Jesus ein neuer Geist in die Welt kam, der die verfeindeten Menschen in neuer Weise miteinander sprechen lehrt und sich als Brüder erkennen läßt; der uns ermutigt, den Aufstand der Liebe gegen den Haß fortzusetzen; der unser Urteil schärft, die Verzweiflung überwindet und ein verfehltes Leben lohnend macht.
Ich glaube, daß ich durch Jesus erfahre, was Gott vermag. So wie ich verdanken sich ihm alle Menschen, auch wenn sie es nicht wissen. So wie mir gibt er der ganzen Welt Zukunft und Sinn. Ihm sind wir verantwortlich in allem, was wir tun.

(nach Martin Ohly)

oder:

Wir glauben an Gott, der unserem Leben Sinn gibt – Ursprung und Ziel aller Wirklichkeit, durch den wir mit allem verbunden sind.
Und an Jesus Christus, unsern Herrn – ein Mensch, geboren wie wir, in dem das eigentliche Leben war, die Nähe Gottes und dessen Macht, uns in ein neues, unverdient geschenktes Leben in Freiheit und Dankbarkeit zu rufen. Abgelehnt von den Menschen, ausgeliefert an die Staatsmacht, in Kreuz und

Tod ausgesetzt der tiefsten Sinnlosigkeit, ruft er uns trotzdem zur Entscheidung und gibt uns Mut zum Glauben, Lieben, Hoffen, weil er nun teilhat an Gottes lebenschaffender Wirklichkeit, die auf uns zukommt, uns fordert und begnadigt.
Wir glauben an seine gegenwärtige Wirksamkeit, daß in ihm alle Kirchen eins sind, daß verbindliche Gemeinschaft durch ihn möglich ist, daß er uns befreit von aller Entfremdung unseres Lebens und Hoffnung sinnvoll macht, selbst angesichts des Todes. Wir glauben, Herr, hilf unserem Unglauben.

(Mitten unter uns)

oder:

Wir glauben an Gott, aus dem, durch den und auf den hin alle Dinge ihr Wesen und Dasein haben.
Wir glauben, daß Gott in unserer Welt am Werk ist: in der Kraft jener Liebe, die wir in Jesus Christus erkannt haben.
Wir glauben an den Sinn und die Würde unseres Lebens, weil Gott den Menschen liebt und dem die Treue hält, den er zur Mitarbeit an seiner Schöpfung ruft.
Wir glauben, daß nur Gottes heiliger Geist die Ketten unserer Ichsucht sprengen kann und daß nur er die Gemeinschaft unter Menschen und mit anderen Völkern möglich macht.
Wir glauben, daß Gott aus allen Rassen und jedem Volk seine Kirche baut, eine Gemeinschaft von Menschen, die er zu Kampf und Hingabe ruft, als die Zeugen seines kommenden Reiches.
Wir glauben an die Zukunft der Menschheit, weil Gottes Liebe in ihrer alles bezwingenden Kraft endgültig siegen wird über die dämonischen Mächte des Bösen.
In diesem Glauben erwarten wir das Kommen seines Reiches: eines Reiches der Gerechtigkeit, voll Frieden und Freude.

(Alfred Schilling)

Oder ein vom Taufbewerber selbst formuliertes und im Taufgespräch besprochenes Bekenntnis oder Gebet.

TAUFE

Der Pfarrer begießt den Kopf des Taufbewerbers dreimal mit Wasser und spricht dabei:

N. N., wir taufen Sie in den Namen des Vaters und des Sohnes und des heiligen Geistes.
Weil wir dem Wort Jesu glauben, trauen wir Ihnen zu, seinen Frieden in die Welt zu bringen. Sein guter Geist wird Ihnen helfen, getrost Ihren Weg zu gehen.

oder:

Der Gott des Friedens gebe Ihnen seinen Geist,
daß Sie sich einsetzen für alles, was menschlich ist,
und allem, was unmenschlich ist, widerstehen.

oder:

Mit seinem Beispiel hat Jesus uns gezeigt,
wie man in dieser Welt menschlich lebt.
Verlassen Sie sich darauf: Sie können das auch.
Ein Segen, wenn Sie es tun.

LIED ODER MUSIK

GEBET

Wir vertrauen auf die Macht
der Liebe und des Friedens.
Wir wissen, daß unsere Welt
ungerecht und rücksichtslos ist:
Man will es um jeden Preis zu etwas bringen.

Das Beispiel Jesu macht uns Mut,
diese Welt anders zu gestalten:
Gutes beim Namen zu nennen
und Böses nicht hinzunehmen,
Gerechtigkeit herbeizuführen,
die Freiheit anderer zu achten
und menschlich miteinander zu leben.
Wir hoffen, daß unser Glaube sich bewährt.

oder:

Gott, durch dein Wort entsteht Leben. Wir brauchen es wie das tägliche Brot. Wir werden schnell ungeduldig, geben die Hoffnung auf. Laß uns mit deinem Wort neue Geduld und Hoffnung gewinnen. Wir kommen leicht in Streit. Laß uns Worte des Friedens einfallen, damit wir gut zueinander sein können. Wir empören uns gegen Ungerechtigkeit und greifen zu den gleichen Mitteln. Um gerecht sein zu können, laß uns der Wahrheit wieder auf die Spur kommen. Wir verlangen für uns selbst Spielraum und ärgern uns, wenn andere ihn von uns fordern. Befreie uns mit deinem Wort, damit wir uns die Welt nicht gegenseitig einengen, sondern füreinander da sind. Das wäre Leben.

oder:

Gott, laß uns zu Helfern deines Friedens werden:
daß wir Liebe wagen, wo man sich haßt;
daß wir verzeihen, wo man sich beleidigt;
daß wir schlichten, wo Streit ist;
daß wir die Wahrheit sagen, wo Irrtum herrscht;
daß wir Hoffnung wecken, wo Verzweiflung quält;
daß wir ein Licht anzünden, wo Finsternis regiert;
daß wir Freude bringen, wo Kummer wohnt.

Gott, laß uns das Geheimnis deines Friedens erfahren:
daß wir getröstet werden, wenn wir trösten;
daß wir verstanden werden, wenn wir verstehen;
daß wir geliebt werden, wenn wir lieben.

Denn wer hingibt, der empfängt;
wer sich selbst vergißt, der findet;
wer verzeiht, dem wird verziehen;
und wer stirbt, wird nicht verloren sein.

UNSER VATER

SEGENSWORT

Der Gott des Friedens, der uns liebt und Hoffnung gibt, der mache uns getrost und bestärke uns in jedem guten Werk und Wort.

(nach 2. Thessalonicher 2, 16 f.)

oder:

Die Gnade unseres Herrn Jesus Christus und die Liebe Gottes und die Gemeinschaft des heiligen Geistes sei mit euch.

(2. Korinther 13, 13)

ORGELNACHSPIEL

Konfirmation

ORGELVORSPIEL

BEGRÜSSUNG

LIED

Zum Beispiel:
»Nun jauchzt dem Herrn, alle Welt« (EKG 187, 1. 2. 5. 6)
»Nun danket all und bringet Ehr« (EKG 231, 1–5)
»All Morgen ist ganz frisch und neu« (EKG 336, 1–4)
oder ein anderes Lied.

WORTE DER KONFIRMANDEN ODER PSALM

Die vorher gemeinsam erarbeiteten Worte der Konfirmanden können von einigen Sprechern vorgetragen werden (s. Erläuterungen S. 100). In diesem Fall folgt darauf das Gebet.
Anstelle der Worte der Konfirmanden kann auch ein Psalm in neuer Übertragung gelesen werden; in diesem Fall kann das Gebet entfallen.

Wer falsche Ratgeber durchschaut, der ist gut dran,
wer sich von schlechtem Vorbild nicht verleiten läßt
und nicht Wege geht, die in Schuld enden müssen.
Gut ist dran, wer sich nicht zu denen hält,
die gedankenlos über Gott daherreden
und für den Glauben nur Spott haben,
sondern wer nachdenkt über das, was uns helfen kann
und dann weiß, was er glaubt und wofür er lebt.

Der ist wie ein Baum mit tiefen Wurzeln,
der Kräfte hat, dem Wetter standzuhalten
und Frucht zu tragen, wenn es an der Zeit ist.
Der verbringt sein Leben nicht nutzlos,
und woran er arbeitet, das wird nicht vergeblich sein.
Denn wer nach Gott fragt, der entdeckt das Leben,
das ganzen Einsatz lohnt und sich bewährt.

(nach Psalm 1)

oder:

Wir danken Gott von ganzem Herzen
und reden von dem, was er bei uns tut.
Er ist Grund unserer Freude,
mehr als alles, was uns erfreut.
Denn Gott ist des Hilflosen Rettung;
die Kraft, die wir brauchen, ist er.
Darum hoffen auf Gott, die ihn kennen;
die ihn suchen, läßt er nicht im Stich.
Wir kommen nicht weiter. Gott, zeig uns Wege,
damit wir uns wieder zurechtfinden
und sagen können, was du tust:
Die es schwer haben,
übergehst du nicht;
und die verlieren,
gehen nicht verloren.
Sie halten sich an die Hoffnung;
du läßt sie nicht fallen.

(nach Psalm 9)

oder:

Gott behütet uns und hilft uns;
vor wem sollten wir uns fürchten?
Gott gibt uns Kraft und Mut;
wovor sollten wir Angst haben?
Wenn etwas auf uns zukommt,
drohend und gefährlich,
dann verlieren wir nicht den Mut.
Wenn wir meinen, wir schaffen es nicht,
dann denken wir daran, daß Gott uns hilft.

Herr, sei du immer bei uns,
dann sind wir nicht allein.
Alle werden uns einmal verlassen,
auch Mutter und Vater,
aber bei dir sind wir immer zu Hause.
Zeige uns den Weg, den wir gehen sollen;
laß uns erkennen, was gut ist
für uns und für andere,
damit wir alle uns am Leben freuen können.

(nach Psalm 27)

oder:

Die nach Gott fragen,
werden es gut machen.
Gott ist Gerechtigkeit und Güte,
Friede für die ganze Welt.
Die auf Gewalt bauen, machen noch mehr kaputt.
Die groß herauskommen wollen, bringen nichts.
Die es allen recht machen, verwaschen die Unterschiede.
Und es bleibt, wie es ist.
Die aber Frieden wollen,
gehen vom anderen aus.

Sie nehmen die Geschichte ernst
und haben langen Atem.
Sie machen sich nichts vor
und behalten die Hoffnung.
Sie können zugeben
und verkürzen doch nicht das Ziel.
Sie verstehen sich auf Güte,
stecken Verdächtigungen ein.
Das bringt die Welt vom Tod zum Leben.

(nach Psalm 33)

oder:

Warum reden wir vom Willen Gottes
und von dem, was er an uns getan hat,
wenn wir uns nicht verantwortlich fühlen
für alle, denen Unrecht geschieht?
Denn es geht nicht um feierliche Stunden,
sondern um das ganze Leben:
daß Glaube sich auswirkt in dem, was wir tun;
und unsere Tage nicht sinnlos verstreichen.
Darum reden wir von Gottes Wahrheit und Liebe.
Wer Gott loben will,
der wird den Dank in seinem Tun erweisen;
das ist der Weg zu neuem Leben.

(nach Psalm 50)

GEBET

Herr, unser Gott, wir können dich nicht sehen und nicht begreifen. Aber wir wissen, daß alles, was wir erreichen, nicht durch unsere eigene Kraft und Mühe gelingt. Uns wird geholfen, und wir haben Grund, dankbar zu sein. Du wirst gefunden von denen, die dich im Geist Jesu suchen. Wir bitten: Komm zu uns mit deiner Wahrheit und Liebe, damit alles, was wir bedenken und tun, Leben und Sinn gewinnt. Herr, hilf uns.

oder:

Herr, laß uns immer besser verstehen, was Glauben heißt. Wir haben herauszufinden versucht, was es in unserer Welt und in unserem eigenen Leben bedeuten könnte zu glauben. Dazu brauchen wir alle noch viel mehr Einsicht und Mut und gute Einfälle. Und wenn wir nicht weiterwissen, brauchen wir Menschen, die das verstehen und uns weiterhelfen. Herr, laß uns nicht allein.

LESUNG

Die nicht schon auf alles eine Antwort wissen,
die sind gut dran,
denn ihnen tut sich die Welt Gottes auf.

Die unter den Zuständen leiden,
die sind gut dran,
denn sie werden Mut und Hoffnung gewinnen.

Die nicht auf Gewalt setzen,
die sind gut dran,
denn ihnen wird die Erde gehören.

Die keine Ruhe geben und nach Gerechtigkeit schreien,
die sind gut dran,
denn sie werden zufrieden sein.

Die barmherzig sind,
die sind gut dran,
denn sie werden Barmherzigkeit erleben.

Die sich selbst und anderen nichts vormachen,
die sind gut dran,
denn sie werden Gott vor Augen haben.

Die den Frieden herbeiführen,
die sind gut dran,
denn ihnen wird man glauben, daß sie von Gott sind.

Die angefeindet werden wegen neuer Gerechtigkeit,
die sind gut dran,
denn ihnen tut sich die Welt Gottes auf.

(Die Seligpreisungen Jesu nach Matthäus 5)

oder:

Ihr seid wie Salz in der Welt, in der ihr lebt. Wenn Salz verdirbt, womit soll man dann salzen? Schlechtes Salz ist nur noch zum Wegschütten gut und wird zertreten. Ihr seid ein Licht in der Welt, in der ihr lebt. Ein Licht zündet man doch nicht an, um es in einen Winkel zu stellen, wo es niemandem scheint. Man stellt es vielmehr auf einen Leuchter, und es wird allen leuchten, die im Hause sind. So zeigt euer Licht unter den Menschen, mit denen ihr lebt, damit sie sehen können, was gut an euch ist, und Grund haben, sich darüber zu freuen und dankbar zu sein.

(Matthäus 5, 13–16)

oder:

Durch den Geist der Barmherzigkeit, zu dem wir Christen uns bekennen, rufe ich euch auf: Setzt euch mit allen euren Kräften dafür ein, daß in unserer Welt die Liebe Gottes sich auswirkt, die neues Leben schafft; das ist sinnvoller Gottesdienst. Laßt euch nicht bestimmen von dem, was man so allgemein denkt und tut, sondern werdet anders durch ein neues Denken, damit ihr versteht, was sich als Gottes Wille erweist, was weiterhilft, was dem Leben gerecht wird und zum guten Ende führt. Christliche Liebe heißt, daß wir uns wirklich füreinander einsetzen, anstatt nur viele Worte darüber zu machen.

(Römer 12,1.2.9)

oder:

Christliche Liebe heißt, daß wir uns wirklich füreinander einsetzen, anstatt nur viele Worte darüber zu machen. Bewundert niemand, der sich rücksichtslos durchsetzt, sondern haltet euch zu dem, der sich um das Wohl anderer sorgt. Lebt nicht gleichgültig dahin, als ob euch die Aufgaben, die unsere Zeit stellt, nichts angingen, sondern laßt euch hineinnehmen in ein verantwortliches Leben, zu dem uns der Geist Gottes in Bewegung setzt. Dann ist euer Leben vom Glauben an den Herrn bestimmt. Darin liegt eure Hoffnung. Freut euch darüber und haltet euch daran bei allem, was euch den Mut nimmt. Überlegt alles im Gebet, was ihr zu tun habt. Beteiligt euch an der Sorge für die Gemeinde und haltet euch offen für alle, die euch begegnen und euch brauchen.

(Römer 12,9–13)

oder:

Tut das, was Gottes Wort sagt, und hört es nicht nur an, sonst betrügt ihr euch selbst. Wer das Wort nur anhört und nicht danach handelt, der ist wie ein Mann, der in einen Spiegel blickt. Er sieht sich, wie er ist, geht dann aber weg und vergißt sofort, was er sah. Wer aber tiefer blickt und der letzten Wahrheit standhält, der erfährt darin Freiheit. Wer dabei bleibt, wer nicht nur zuhört, um gleich wieder zu vergessen, sondern hört und danach lebt, der wird glücklich sein in seinem Tun.

(Jakobus 1,22–25)

LIED ODER MUSIK

Zum Beispiel:
»Ich singe dir mit Herz und Mund« (EKG 230, 1–3.13)
»Alles ist an Gottes Segen« (EKG 300, 1–3)
oder ein anderes Lied; an die Stelle des Liedes kann auch Musik treten.

PREDIGT

Textvorschläge:
1. Mose 12,1–3 / 5. Mose 6,4–7 / Matthäus 5,14–16 / Matthäus 5,43–48 / Lukas 14,28–33 / Johannes 8,12 / Römer 10,6–9

LIED ODER MUSIK

Zum Beispiel:
»Laß mich dein sein und bleiben« (EKG 140)
»Meins Herzens Kron, mein Freudensonn« (EKG 249, 4)
»Erneure mich, o ewigs Licht« (EKG 264, 1–2)
oder ein anderes Lied; an die Stelle des Liedes kann auch Musik treten.

GLAUBENSSÄTZE DER KONFIRMANDEN UND FRIEDENSGEBET

Hier können vorher von den Konfirmanden erarbeitete Sätze über ihren Glauben gesprochen werden (s. Erläuterungen S. 106).

Uns verbindet der Glaube, der uns allen zugetraut ist. Wir bekennen ihn nicht; wir bitten um ihn: Wir sprechen gemeinsam das Friedensgebet. Damit sagen wir, daß wir für Frieden und Liebe sind.
Frieden und Liebe wollen wir uns auch gegenseitig zutrauen.

Gott, laß uns zu Helfern deines Friedens werden:
daß wir Liebe wagen, wo man sich haßt;
daß wir verzeihen, wo man sich beleidigt;
daß wir schlichten, wo Streit ist;
daß wir die Wahrheit sagen, wo Irrtum herrscht;
daß wir Hoffnung wecken, wo Verzweiflung quält;
daß wir ein Licht anzünden, wo Finsternis regiert;
daß wir Freude bringen, wo Kummer wohnt.

Gott, laß uns das Geheimnis deines Friedens erfahren:
daß wir getröstet werden, wenn wir trösten;
daß wir verstanden werden, wenn wir verstehen;
daß wir geliebt werden, wenn wir lieben.

Denn wer hingibt, der empfängt;
wer sich selbst vergißt, der findet;
wer verzeiht, dem wird verziehen;
und wer stirbt, wird nicht verloren sein.

ZUSPRUCH

Auf eine entsprechende Aufforderung hin treten die Konfirmanden in der Regel in Gruppen vor (hören ihren Spruch, knien nieder) und werden unter Auflegen der Hände eingesegnet.

Weil wir dem Wort Jesu glauben, trauen wir euch zu, seinen Frieden in die Welt zu bringen. Sein guter Geist wird euch helfen, getrost euren Weg zu gehen. Fürchtet euch nicht!

oder:

Der Geist Gottes gibt euch Mut, mit Wahrheit und Güte dem Bösen zu widerstehen. Friede sei mit euch.

oder:

Der Gott des Friedens gebe euch seinen Geist, daß ihr euch einsetzt für alles, was gut ist, und allem, was böse ist, widersteht. So werdet ihr euch bewähren.

LIED

Zum Beispiel:
»Hilf, Herr meines Lebens«
(Neue Lieder für die Gemeinde Nr. 29, 1–4)
»Bei dir, Jesu, will ich bleiben« (EKG 279, 1.2)

ANREDE AN DIE KONFIRMIERTEN, AN DIE ELTERN UND PATEN

Liebe Jungen und Mädchen, christlicher Glaube kann eine Hilfe sein für euer Leben. Gottesdienst ist dazu da, Wege und Maßstäbe anzubieten, wenn nötig auch neuen Mut oder Trost. Vergeßt nicht, daß Gemeinschaft mit anderen Menschen uns am Leben erhält. Übt euch darin, Fehler einzusehen, damit

Schuld uns nicht trennt. Wenn andere euch brauchen, versagt eure Hilfe nicht, seid für sie da. Auch ihr könnt nicht allein fertig werden, auch euch wird geholfen.
Liebe Eltern und Paten, stehen Sie diesen Jungen und Mädchen zur Seite, damit der Glaube nicht belanglos wird für das Leben, das ihnen bevorsteht. Bewahren Sie Ihre Kinder, so gut Sie es können, vor allem, was ihnen schadet. Sie werden viel Zeit brauchen und Einfühlungsvermögen, dazu die Bereitschaft, sich selbst in Frage zu stellen. Es geht darum, daß die Mädchen und Jungen lernen, ihr Leben selbst zu gestalten.

DANKGEBET ODER MEDITATIONSGEBET

Wir alle sind bis zum heutigen Tage in vielen Gefahren bewahrt worden, hatten Gelegenheit zu arbeiten und zu lernen, fanden Kraft, füreinander zu sorgen, und haben selbst Geborgenheit und Hilfe durch andere erfahren. Daran denken wir mit Dankbarkeit. – Uns allen ist auch geholfen worden durch manches zurechtbringende Wort. Das hat uns von Lasten befreit und von verkehrten Bindungen gelöst. Das hat uns auch ermutigt, Verantwortung zu erkennen und zu tragen. Für solche Worte, die aus der Wahrheit Gottes kommen, uns zum Leben bringen, uns bereitmachen zur Vergebung und wieder zueinander führen, danken wir. – Wir erbitten für uns und alle anderen, daß unser Glaube standhält und unser ganzes Leben vom Geist Gottes bewegt wird.

Statt (der Anrede an die Konfirmierten, an die Eltern und Paten und) des Dankgebetes kann auch das folgende Meditationsgebet gesprochen werden, bei dem die wiederkehrenden Worte »Sei getrost und fürchte dich nicht, geh deinen Weg mit Gott« von allen mitgesprochen werden können. Falls das Meditationsgebet gesprochen wird, entfällt die Anrede.

Immer wieder kommt Neues auf uns zu: Schönes und Interessantes, Verlockendes und Gefährliches, Dunkelheit und Licht; und vieles verstehen wir nicht. Wir machen uns schöne Hoffnungen, aber manchmal graut uns auch vor dem, was kommt.
Dann ist es gut, wenn einer zu uns sagt:
(Gemeinde:) Sei getrost und fürchte dich nicht,
geh deinen Weg mit Gott.

Wir können froh sein, wenn wir Menschen haben, die uns trösten und Mut machen. Es kommen aber Stunden, da stehen wir ganz allein da mit einer Aufgabe, die zu schwer ist, mit einer Schuld, die uns drückt, mit einer schrecklichen Angst.
Ach, daß dann eine Stimme von innen laut genug zu uns sagt:
(Gemeinde:) Sei getrost und fürchte dich nicht,
geh deinen Weg mit Gott.

Alle Menschen haben Angst, auch wenn sie es nicht zeigen. Wir bedrohen uns gegenseitig und erzeugen immer noch mehr Angst, und daraus wachsen Haß und Gewalt und Blutvergießen.
Und überall wartet jemand darauf, daß unser Mund sagt:
(Gemeinde:) Sei getrost und fürchte dich nicht,
geh deinen Weg mit Gott.

So viele Menschen warten darauf, Menschen in Armut und Krankheit, in Unwissenheit und Verzweiflung, verlassene und vergessene Menschen in Asien und Afrika, bei den Hungervölkern in der Welt. Unsere Worte hören sie nicht, sie verstehen nur, was wir tun.
Mögen wir das tun, was ohne Worte sagt:
(Gemeinde:) Sei getrost und fürchte dich nicht,
geh deinen Weg mit Gott.

LIED

Zum Beispiel:
»Nun laßt uns Gott dem Herren« (EKG 227, 1.8)
»Der ewigreiche Gott« (EKG 228, 2)

UNSER VATER

(gemeinsam gesprochen)

SEGENSWORT

Seid getrost und fürchtet euch nicht, geht euren Weg mit Gott.

oder:

Gott gibt uns Mut und Kraft zum Leben.
Er ist dabei, wenn wir kommen und gehen,
an diesem Tag und alle Tage.

oder:

Die Gnade unseres Herrn Jesus Christus und die Liebe Gottes und die Gemeinschaft des heiligen Geistes sei mit euch allen.

ORGELNACHSPIEL

Abendmahl

Diese Ordnung ist ein Modell für eine Abendmahlsfeier während einer Mahlzeit (z.B. in Hausgemeinschaften, Kreisen, bei Freizeiten und Konventen). Sie eignet sich ebenso für einen Abendmahlsgottesdienst im Kirchenraum.

BEGRÜSSUNG

LIED

Zum Beispiel:
»Komm, o komm, du Geist des Lebens ...« (EKG 106, 1.2)

EINSETZUNGSWORTE

Hören Sie Abendmahlsworte aus dem Neuen Testament:
Der Herr Jesus, in der Nacht, da er verraten ward, nahm er das Brot, dankte und brach's und sprach: Nehmet, esset, das ist mein Leib, der für euch gegeben wird; solches tut zu meinem Gedächtnis. Desgleichen auch den Kelch nach dem Mahl und sprach: Dieser Kelch ist der neue Bund in meinem Blut; solches tut, so oft ihr's trinket, zu meinem Gedächtnis.

oder:

Hören Sie die Worte, auf die sich die Kirche seit ihren Anfängen beruft, wenn sie das Abendmahl feiert:
Unser Herr Jesus Christus, in der Nacht, da er verraten ward, nahm er das Brot, dankte und brach's und gab's seinen Jüngern und sprach: Nehmet hin und esset, das ist mein Leib, der für euch gegeben wird. Solches tut zu meinem Gedächtnis.

Desgleichen nahm er auch den Kelch nach dem Abendmahl, dankte, gab ihnen den und sprach: Nehmet hin und trinket alle daraus, dieser Kelch ist das neue Testament in meinem Blut, das für euch vergossen wird zur Vergebung der Sünden. Solches tut, so oft ihr's trinket, zu meinem Gedächtnis.

DEUTUNG

Auf diese Worte hören Christen, wenn sie Abendmahl feiern. Sie nehmen auf, was von Jesus gesagt wird: Jesus aß und trank nicht nur mit denen, die immer dabei sind, sondern gerade mit denen, die niemand will. Das widerspricht uns und will uns ändern. Wir beharren auf Unterscheidungen und wollen bleiben, was wir sind. Das kostete Jesus sein Leben. Uns selbst sprechen wir Aufrichtigkeit und Glaube, Ernst und Liebe zu, anderen sprechen wir das ab. Und so lassen wir Liebe sterben, von Tag zu Tag.
Wir essen und trinken, um zu leben. Aber Leben ist mehr als Essen und Trinken, Leben erfüllt sich in Liebe. Im Abendmahl nehmen wir das Wort auf, das diese Liebe unter uns weckt. Es bringt uns zu Menschen, die uns fremd geworden und fremd geblieben sind. Es macht uns frei, wieder miteinander umzugehen. Wir werden einander geben und voneinander nehmen, was wir brauchen, um menschlich zu bleiben. Wo das geschieht, wird unsere Welt heil. Darauf hoffen wir.

oder:

Wir essen und trinken, was uns gegeben wird, können daran begreifen, daß wir nicht aus uns selbst leben. Wir leben von dem, was uns gegeben wird. Was uns zugute kommt, kann uns nicht allein gehören. Die Liebe zum anderen wird uns bewegen. Sie kann durchschauen, was zwischen uns steht, und gibt nicht auf abzubauen, was uns trennt. So werden wir wie

Jesus mit anderen leben, auch wenn wir uns unterscheiden und Unterschiede nicht aufgeben.
Wir wollen uns nicht täuschen: die Liebe, die uns bewegt, scheitert an uns. Aus unserer Eigenart entsteht immer neue Schuld. Gerade darum bleiben wir angewiesen auf das Wort, das uns von Tag zu Tag neue Anfänge schenkt – Anfänge, die wir auch mit anderen suchen. So geschieht Vergebung.

DANK UND BITTE

Zum Beispiel:
»Nun laßt uns Gott dem Herrn Dank sagen ...«
(EKG 227, 1.7.8)

Wir beten.

Wir nehmen und essen, wir nehmen und trinken:
suchen, was uns befreit von der Last verlorener Mühe,
wollen finden, was uns eint. –
Gott, laß es nicht vergeblich sein.

oder:

Wir suchen erfülltes Leben.
Herr, laß uns das Besondere im Täglichen finden –
wenn wir reden und zuhören, arbeiten und feiern,
essen und trinken.
Wir hoffen, daß uns zuteil wird, was uns fehlt.

KOMMUNION

Während sich die Teilnehmer Brot und Wein reichen, können sie zueinander sagen:
»Friede« *oder* »Frieden zwischen uns; Frieden für die Welt.«

ABENDMAHLSLIED

»Das sollt ihr, Jesu Jünger, nie vergessen . . .« (EKG 159)

ANSPRACHE – GESPRÄCH

Textvorschläge für eine Ansprache:
Matthäus 5,13–16 / 5,43–48 / 6,25–34 / 15,10–20 / 18,21–35 / 19,16–26 / 20,1–16 / Lukas 6,36–42 / 10,25–28 / 11,9–10 / 12,57–59 / 19,1–10 / Johannes 5,24 / 7,53–8,11 / 13,4–17 / 15,12–15 / Römer 12,3 bis 6 / 12,14–16 / 1. Korinther 12,4–6 / 2. Korinther 3,17 / Galater 3,23–28 / 6,1–5 / Epheser 4,24–29 / Philipper 2,1–5 / 1. Johannes 3,14–18 / Hebräer 12, 12–15.

LIED

Zum Beispiel:
»Herr, für dein Wort sei hoch gepreist« (EKG 145,6.7)
»Geh hin nach Gottes Willen« (EKG 387)

GEBET

Wir suchen mit uns selbst zurechtzukommen –
unsere Tage vergehen, wir verlieren uns.
Gott, erbarme dich,
damit wir uns nicht vermessen,
wenn wir Pläne machen,
uns nicht in unsere Arbeit verrennen
und an unseren Sorgen nicht zerbrechen.
Wir müssen mit anderen Menschen auskommen –
sie fragen nach uns,
wir sind um Antwort verlegen.
Gott, erbarme dich,
damit wir unseren Kindern
zur Selbständigkeit helfen,
in den Familien einander gerecht werden
und Mitarbeiter verstehen und achten.

Wir suchen Wege zum Wohl der Welt –
die Tage vergehen, wir kommen nicht weiter.
Gott, erbarme dich,
damit Streit uns nicht völlig entzweie,
Krieg nicht immer neue Kriege gebäre
und den Hungernden zuteil werde,
was sie brauchen.

oder:

Wir können uns freuen:
wenn uns etwas einfällt,
wenn wir weiterkommen,
wenn Gespräche gelingen.

Wir können uns freuen:
wenn Freunde ehrlich sind
und Gegenspieler fair bleiben.

Wenn wir uns nicht gegenseitig übertrumpfen,
wenn wir die Schwächen
anderer nicht mißbrauchen,
um uns selbst aufzubauen,
dann können wir uns freuen.

Wenn die anderen uns gelten lassen,
wenn sie uns ernst nehmen
und unsere Begabungen fordern,
dann können wir uns freuen.

Wir werden überrascht sein,
was Freude fertigbringt.

oder:

Herr, wir versäumen unser Leben;
wir verfehlen unsere Welt:
Die Mächtigen entscheiden über unsere Köpfe hinweg;
mit der halben Wahrheit wird Meinung gemacht;
Interessengruppen bestimmen, was recht ist.
So verspielt man unser Leben.
Wir werden immer abhängiger
und sind denen ausgeliefert,
die unser Leben verwalten.
Das lädt uns und anderen Schuld auf.
In dieser Einsicht wirst du uns weiterbringen, Herr.
Aber es fällt uns schwer,
mit Macht und Wahrheit umzugehen,
weil wir selber die halbe Wahrheit lieben
und den Gebrauch der Macht anderen überlassen.
Das klagt uns an, Herr.
Laß uns damit nicht zufrieden sein.
Denn erst im Widerspruch finden wir zu uns selber.
So können wir uns begegnen und uns zwingen,
aufeinander zu hören.
Das wird Schicksal wenden,
die halbe Wahrheit entlarven
und fragwürdige Interessen in Zweifel ziehen.
So werden wir von neuem auf die Suche geschickt
und kommen dem Frieden auf die Spur.
Dazu hilf uns, Herr.

oder:

Herr, dein Wort führt uns zu neuen Einsichten. Laß deinen Geist weiter in uns wirken, damit unser Leben nicht erstarrt, sondern in Bewegung bleibt. Hilf uns, freimütig die Wahrheit zu sagen und aufeinander zu hören. Gib uns Mut, wenn wir glauben, gute Einfälle, wenn wir lieben, und Gelassenheit, wenn wir hoffen.

UNSER VATER

SEGEN

Wir gehen auseinander und wollen uns darauf verlassen:
Die Gnade unseres Herrn Jesus Christus und die Liebe Gottes und die Gemeinschaft des heiligen Geistes wird mit uns sein.
Amen.

→ 8 → EG 946
947.8
949

Eheschließung

GOTTESDIENST ANLÄSSLICH DER EHESCHLIESSUNG

BEGRÜSSUNG

Vor Beginn des Gottesdienstes sollten mindestens die Eheleute persönlich begrüßt werden. Es ist darauf zu achten, daß die Ehefrau mit ihrem neuen Familiennamen angeredet wird.

ORGELVORSPIEL

Wo es üblich ist, währenddessen gemeinsamer Einzug in die Kirche.

EINLEITUNG

Wir sind zusammengekommen, weil uns daran liegt, daß diese Ehe gelingt. Wir wollen bedenken, was christlicher Glaube für die Ehe bedeuten kann. In dieser Stunde soll zum Ausdruck kommen, was im Sinne Jesu über Liebe zu sagen ist.

LIED

Zum Beispiel:
»Komm, o komm, du Geist des Lebens« (EKG 106, 1.2)
»Herr, für dein Wort sei hoch gepreist« (EKG 145, 1.2.6.7)
»O gläubig Herz gebenedei« (EKG 226, (1).7.8)
»Nun danket all und bringet Ehr« (EKG 231, 1.5.7)
»Bis hierher hat mich Gott gebracht« (EKG 236, 1.2)

Wir freuen uns an diesem Tag und möchten,
daß auch die anderen Tage Freude mit sich bringen.
Wir wissen: Diese zwei werden Mut brauchen,
Mut, der Gewohnheiten durchbricht
und sich von Entfremdung nicht irritieren läßt.
Den Mut wünschen wir beiden
und sie werden Gott vor sich haben.
Amen.

oder:

Wir freuen uns auf unser Leben.
Wir hoffen, daß wir Worte finden,
die täglich neu Vertrauen hervorrufen,
die uns vor Gewohnheit und Entfremdung bewahren.
Wir hoffen auf Vergebung,
die Anfänge schenkt, wenn wir am Ende sind. –
Herr, laß dein Wort wahr werden
heute und in kommender Zeit.
Dann bist du bei uns.
Amen.

oder:

Wir sind darauf angewiesen, daß wir uns verstehen.
Wir brauchen Vertrauen, wenn wir miteinander leben
und einander gerecht werden wollen.
Darum fragen wir nach Gott, nach dem Wort,
das uns zur Wahrheit hilft.
Wir suchen Worte, die nicht täuschen,
Hoffnung, die sich bewährt,
Liebe, die glaubhaft ist. Amen.

Variation:

Wir werden zusammen leben
und nicht ohne Liebe auskommen.
Wir sind darauf angewiesen,
einander zu vertrauen und gerecht zu werden.
So suchen wir, was uns hilft:
Worte, die nicht täuschen,
Hoffnung, die nicht verblaßt,
Liebe, die glaubhaft ist.
Darum fragen wir nach Gott
und wollen uns auf sein Wort einlassen. Amen.

oder (von den Eheleuten selbst gesprochen):

Wir wagen den gemeinsamen Weg.
Wir wissen, es wird nicht leicht für uns werden.
Gott, laß uns den Weg gehen,
der uns eint und nicht entfremdet,
auf dem wir Angst hinter uns lassen
und Vertrauen finden.
Wir wagen es miteinander und hoffen,
daß es gut wird, was wir vor uns haben. Amen.

ANSPRACHE

LIED ODER MUSIK

Zum Beispiel:
»Nun bitten wir den heiligen Geist« (EKG 99, 1–3)
»All Morgen ist ganz frisch und neu« (EKG 336, 1–4)
»Du höchstes Licht, ewiger Schein« (EKG 337, 1–5)
»Gott des Himmels und der Erden« (EKG 345, 5)
»Der Tag ist seiner Höhe nah« (EKG 351, 1.2.7)

LESUNG

Vorschläge für eine Lesung: Lk 6 37+38
Johannes 15,9b–17 / Römer 12,2.3.9–18 / Römer 13,8–10 / 1. Korinther 13,1–8a / Galater 5,22.25 bis 6,5 / Philipper 2,1–5 / Kolosser 3,12–16a.17 / 1. Johannes 4,7–19.
Als Lesung werden hier auch einige freie Übertragungen neutestamentlicher Texte vorgeschlagen.

Christliche Verantwortung sagt uns: Setzt euch mit allen Kräften dafür ein, daß sich Liebe auswirkt, die neues Leben schafft; das ist sinnvoller Gottesdienst. Laßt euch nicht von dem bestimmen, was man so allgemein denkt und tut, sondern werdet anders durch neues Denken und ergründet, worin sich Gottes Wille erweist, was weiterhilft, was dem Leben gerecht wird und zum guten Ende führt.
Die Einsicht, die zu diesem Leben befähigt, sagt uns: Keiner sollte so eingebildet sein, sich alles allein zuzutrauen, sondern jeder soll ehrlich sein gegen sich selbst und sich auf das besinnen, was Glaube von ihm fordert.
Christliche Liebe heißt, daß wir uns wirklich füreinander einsetzen, anstatt viele Worte darüber zu machen. Setzt euch nicht rücksichtslos durch, nutzt euch nicht gegenseitig aus, sondern seid auf das bedacht, was für den anderen gut ist. Wendet euch einander in herzlicher Liebe zu und behaltet Achtung voreinander. Schiebt nicht dauernd vor euch her, was ausgesprochen und getan werden muß. Habt Vertrauen zu dem Geist, der euch zusammenführt. Dann ist euer Leben vom Glauben an den Herrn bestimmt. Darin liegt eure Hoffnung. Freut euch darüber und haltet euch daran bei allem, was euch den Mut nimmt. Überdenkt euern Tag im Blick auf das, was zu tun nötig ist. Seid nicht nur im vertrauten Kreis füreinander da, sondern seid offen für alle, die euch begegnen und euch brauchen.

(Römer 12,1–3.9–13)

oder:

Man kann sich auf jede Sprache verstehen – ohne Liebe bleibt es leeres Getön. Man kann die Verhältnisse durchschauen, kann die Folgen absehen, kann sehr fromm sein – ohne Liebe nützt das nichts. Man kann hergeben, was man hat, zuletzt sich selbst – ohne Liebe wird dadurch nichts besser.
Liebe ist ausdauernd und gütig, sie ist nicht eifersüchtig und macht nicht große Worte. Liebe stellt sich nicht schamlos zur Schau. Liebe will nicht auf ihre Kosten kommen, sie fragt nicht: Was hab' ich davon? Liebe läßt sich nicht zu Zank verleiten, sie trägt nicht nach. Sie bedauert Unrecht und freut sich an Wahrheit. Liebe kann ertragen; sie hat immer noch Vertrauen, hat immer noch Hoffnung, hat immer noch Geduld.
Diese Liebe kennt kein Ende. Alle Weisheit kann am Ende sein, alles Schwärmen, alle Kunst. Diese Liebe kennt kein Ende. *(1. Korinther 13, 1–8)*

oder:

Wir sind auf den Geist der Liebe angewiesen; deshalb wollen wir uns von diesem Geist bestimmen lassen. Wir müssen nicht auf Bewunderung aus sein, die doch nur herausfordernd wirkt und Neid erregt.
Wenn ihr bei dem andern einen Fehler entdeckt, dann laßt euch vom Geist der Liebe leiten und steht so zu ihm, daß er damit zurechtkommt; das heißt christlich leben. Bedenkt dabei, wie leicht ihr selbst versagt. Tragt gegenseitig, was euch das Leben schwermacht, dann richtet ihr euch an Christus aus. Wenn jemand meint, er habe sich nichts vorzuwerfen, dann macht er sich etwas vor. Es geht nicht darum, wie wir anderen gegenüber dastehen. Es geht darum, wie unser Verhalten bestehen kann, wenn wir selbst es ehrlich prüfen.

(Galater 5, 25–6, 4)

oder:

Das Wort Christi spricht euch an: auf Liebe, die zu Hilfe kommt, auf den Geist, der zusammenführt, auf Güte, die sich dem anderen zuwendet. Freut euch darüber und seid auf Gemeinsamkeit aus, auf Liebe, die euch ebenbürtig macht. Bemüht euch um gegenseitiges Verstehen und seid einig in dem, worauf es ankommt. Achtet darauf, daß es keine Streitereien gibt, wenn jeder nur sich selbst gelten läßt. Nehmt vielmehr Rücksicht aufeinander und versucht eher, dem anderen gerecht zu werden, als selbst recht zu behalten. Seid nicht nur auf das bedacht, was für euch gut ist, sondern mehr noch auf das, was der andere braucht.
Jeder lebe so, wie es im Sinne Jesu Christi ist.

(Philipper 2, 1–5)

oder:

Vor allem anderen seid darauf bedacht, daß Liebe unter euch lebendig bleibt. Denn Liebe findet ihren Weg über jeden Abgrund hinweg, der sich zwischen uns auftut. Sie vergibt und findet Vergebung.
Seid offen füreinander und nehmt auch andere mit ihren Sorgen in euer Leben auf, ohne darüber viele Worte zu machen. Setzt euch füreinander ein, jeder mit seinen Fähigkeiten. Nutzt die verschiedenen Möglichkeiten aus, die sich euch bieten, und wendet alles, was euch gegeben ist, sinnvoll an. Aus allen Äußerungen laßt die Wahrheit Gottes sprechen. Wenn euch eine Aufgabe gestellt ist, dann erfüllt sie in dem Bewußtsein, die Kraft dazu nicht aus euch selbst zu haben. Damit in allem, was unter uns geschieht, Gott zur Geltung komme als Liebe im Sinne Jesu Christi. Sie wird gültig sein und ihre Kraft erweisen in allen dahingehenden und kommenden Tagen. Amen. *(1. Petrus 4, 8b–11)*

oder:

(Versucht, allen euren Verpflichtungen nachzukommen: zahlt dem Staat die geforderte Steuer; entrichtet die verlangten Gebühren; setzt euch nicht hinweg über das, was respektiert werden muß; erkennt den an, der es verdient.)
Bleibt niemand etwas schuldig; denn ihr seid zu nichts verpflichtet außer zu dem einen, was wir uns alle schuldig sind: Liebe. Wenn wir in Liebe miteinander leben, dann wird alles gut. Was gut ist, was zu einem verantwortlichen Leben gehört, wissen wir: Man soll eine gute Ehe führen, soll andere nicht verletzen oder gar töten; man soll sich nichts aneignen, was einem nicht gehört, soll dem anderen sein Glück gönnen. Diese und alle anderen Gebote, die ein gutes menschliches Zusammenleben ermöglichen, kann man in dem einen Satz zusammenfassen: Liebe deinen Nächsten wie dich selbst. Die Liebe tut dem anderen nichts Böses an. So kommt unser Leben zum Ziel: durch Liebe.

(Römer 13,(7).8–10)

oder:

Von christlicher Liebe wissen wir, weil sie uns in einzigartiger Weise an Jesus deutlich geworden ist. Wenn wir uns auf sein Wort einlassen, dann können wir in dieser Liebe leben. Denn nicht wir haben die Liebe erfunden, sie hat uns gefunden in dem Wort, das Vergebung und neues Leben bewirkt. So erfahren wir Liebe; ~~deshalb sind wir sie auch~~ einander schuldig.
Wir glauben an diese Liebe, denn wir erkennen in ihr Gott. Gott ist diese Liebe, und wer ~~darin lebt, der braucht nichts darüber hinaus~~. So ist sie zu ihrem Ziel gekommen: Sie befreit uns von der Angst, mit der wir in die Zukunft blicken, und läßt uns alle Tage im Vertrauen leben. Furcht und Liebe schließen sich gegenseitig aus: Wo Liebe alles umfaßt, ist

Furcht ausgeschlossen. ~~Furcht rechnet mit bösen Folgen. Wer sich fürchtet, hat noch nicht erfahren, was Liebe ist.~~ ~~Aber~~ Und in dem, was uns von Jesus gesagt wird, erfahren wir von Liebe. Dieser Liebe wollen wir uns anvertrauen und darin leben.

(1. Johannes 4,9–11. 16–19)

Wenn es das Ehepaar gewünscht hat, kann es an dieser Stelle mit folgenden Worten gefragt werden nach seiner

ZUSTIMMUNG

Nachdem Sie gehört haben, was im Sinne Jesu über Liebe zu sagen ist, frage ich Sie,
N. und N. N.
wollen Sie in diesem Sinn Ihre Ehe führen – in allem, was sie Ihnen bringen wird?
Eheleute (nacheinander): Ja.

Wenn überhaupt, dann können hier die Eheleute ihre Ringe wechseln.

GEBET

Es ist Liebe im Sinne Jesu,
wenn wir uns einander zuwenden
und so freier werden für das,
was die nächste Stunde bringt;
wenn wir herausfinden,
wie einer den anderen braucht;
wenn wir uns nicht vom Schein verleiten lassen,
sondern uns täglich neu suchen;
wenn wir den Mut gewinnen,
der Enttäuschungen übersteht
und den anderen nicht fallenläßt;

wenn wir auf das Wort
und die Liebe des anderen hoffen;
wenn wir dem Dank Raum lassen von Tag zu Tag.
Dann bist du, Gott, unter uns lebendig.
Das ist es, was wir brauchen.

oder (von den Eheleuten selbst gesprochen):

Wir haben uns einander anvertraut.
Wir wollen zusammen leben.
Wir werden aufeinander einwirken
mit unseren Eigenarten und Begabungen,
mit dem, was wir uns sagen,
und dem, was unausgesprochen bleibt,
mit dem, was wir uns geben oder schuldig bleiben.
Es wird nicht immer leicht sein,
wenn ein Tag wie der andere ist,
wenn Verstehen mühsam wird und Freude rar.
Aber wir hoffen auf neue Anfänge,
auf Einsichten, die weiterführen.
Wir brauchen Geduld, auf den anderen zu warten,
und Kraft auszuhalten,
was uns das Leben schwermacht.
Wir vertrauen auf Worte,
die Mißverstehen ausräumen und uns zusammenführen,
die Vergebung erbitten und gewähren.
Wir vertrauen auf Zuneigung, die sich erneuert,
leben von Hoffnung, die sich auf morgen freut.
Was wir hoffen und erwarten ist mehr,
als wir zustande bringen.
Angewiesen auf Freundschaft,
freuen wir uns darauf, sie zu erleben.

ZUSPRUCH

Gott wird Freund für Sie sein
in allem, was Ihnen geschieht.
Sie werden es erfahren,
werden vertrauen und hoffen,
vergeben und lieben können.
Amen.

oder:

Gott geleite Sie heute
und in den Tagen, die kommen.
So wird Ihnen Ihre Ehe gelingen.
Amen.

oder:

Wer hofft, ist nicht von gestern.
Wer Liebe wagt, lebt morgen.
Und Gott wird unser Leben täglich aufs neue erfüllen.
Amen.

UNSER VATER

Wir sprechen miteinander, wie wir gelernt haben:
Unser Vater ...

SEGEN

Gott behüte uns dann, wenn wir kommen,
und dann, wenn wir gehen.
Bei allem, was böse ist, bewahre er uns.
Die Vernunft und alle unsere Sinne lasse er uns.
Er segne unsere Zeit.
Amen.

SCHLUSSVERS

Zum Beispiel:
»Herr, für dein Wort sei hoch gepreist ...« (EKG 145, 6)
»Ach bleib mit deiner Gnade ...« (EKG 208)
»Nun laßt uns Gott dem Herren ...« (EKG 227, 1.8)
»Nun danket alle Gott ...« (EKG 228, 2)
»Vater unser im Himmelreich ...« (EKG 241, 9)

ORGELNACHSPIEL

Wo es üblich ist, währenddessen gemeinsamer Auszug aus der Kirche.

Beerdigung

GOTTESDIENST ANLÄSSLICH EINER BEERDIGUNG

Für Menschen, die vom Tode des Gestorbenen besonders hart oder plötzlich betroffen wurden

VORSPIEL

EINLEITUNG

Wir sind vom Tod betroffen. Wir müssen N. N. begraben. Wir wollen bedenken, wie wir das ertragen können; wir fragen nach dem Glauben, der uns zum Leben hilft.

oder:

Liebe . . . *(Angehörige mit Namen),*
es ist ein schwerer Weg für Sie.
Keiner von uns
kann Ihnen diesen Abschied ersparen,
aber wir begleiten Sie
und wollen versuchen, Sie zu trösten.

oder:

Wir wissen, wie schwer es ist,
was wir jetzt vor uns haben.
Aber wir müssen diesen Weg miteinander gehen.
Wir suchen in dieser Stunde Hilfe und Trost.

oder:

Wir können es noch nicht begreifen,
daß wir von N. N. Abschied nehmen müssen.
Wir wollen den Angehörigen beistehen,
sie begleiten und von unserem Glauben sprechen.

MEDITATION

Unser Schmerz übersteigt unsere Kraft.
Wir erleiden, was geschehen ist,
müssen ertragen, was wir nicht begreifen.
Unser Leben ist weniger geworden –
ach, daß wir daran nicht verzweifeln!
Unser Leben geht weiter –
ach, daß uns ermutige, was uns bleibt:
daß wir darin Hilfe finden
und Kraft und Hoffnung
für die Tage, die nun sind und kommen.
Dazu hilf uns, Herr! Amen.

oder:

Mitten im Leben der Tod.
Er verstellt uns den Weg.
Unglücklich stehen wir davor,
begreifen, wie ohnmächtig wir sind.
Worte haben ihre Kraft verloren,
noch ehe wir sie sagen.
Es ist so aussichtslos.
Der Tod verfolgt uns überall hin.
Gott, gib uns Kraft gegenüber diesem Tod.
Laß uns nicht verlorengehen
in unserem Schmerz.

Variation:

Mitten im Leben der Tod.
Es ist uns unfaßbar, Herr.
Wir kommen uns so ohnmächtig vor,
möchten fortgehen und wissen nicht wohin.
Überall dieser Tod.
Worte versagen, alles ist leer und trostlos.
Wir wissen nicht, wie es weitergehen soll.
Herr, laß uns nicht untergehen
in unserem Schmerz.
Wir wollen zur Ruhe kommen
und fürchten uns doch davor.
Herr, wenn es Trost gibt, den laß uns erfahren.
Damit es weitergeht mit uns.

oder:

Liebe(r) Herr/Frau N. *(Name des nächsten Angehörigen)*,
ich spreche ein Gebet an Ihrer Stelle:

Auch wenn wir dauernd davon reden müssen,
wir werden es nicht los.
Uns schmeckt nichts mehr.
Wir können nicht schlafen.
Wie eine Mühle drehen sich
unsere Tage um unser Unglück.
Wo warst du, Gott, und wo wirst du sein?
Wenn es doch ein Ende hätte ...
wenn wir nur
die nächsten Wochen überstanden hätten ...
oder wenigstens diesen Tag.
Wir sind klein geworden, Gott,
ganz klein.

(Motive aus Psalm 102)

oder:

Bitter sind meine Gedanken.
Alles wehrt sich in mir.
Es kann doch nicht wahr sein.
Geht weg mit euren Reden!
Es hat keinen Sinn mehr.
Beten? Gott?
Wird es Glauben geben,
der über den Abgrund geht?
Der die Angst aushalten kann?
Der den Tod hinnimmt, mitten im Leben?
Zeig mir, wer ich bin!
Oder ich gehe verloren.

LIED

Wir singen vom Lied . . . Nr. . . . die Verse . . .

LESUNG

Es soll nur eine Bibelstelle verlesen werden, von der auch die Predigt ausgehen kann.
Vorschläge für eine Lesung:
Johannes 6,16–21 / Johannes 12,35 f.46 / Römer 5,3 bis 5 / Römer 8,35a.38–39 / 2. Timotheus 1,10.

PREDIGT

LIED

Wir singen vom Lied . . . Nr. . . . die Verse . . .

GEBET

Wir hängen an dem verzweifelten Wunsch,
es möge nicht geschehen sein, was geschehen ist.
Es bleibt so sinnlos.
Gott, du bist uns fremd geworden,
so fremd, wie die Tage nach diesem Tod.
Wir möchten gerne glauben,
daß wir hier nicht stehenbleiben müssen,
daß es nicht so leer bleibt in uns.
Gott, bring uns über diesen Tod hinaus,
damit wir die Freiheit lernen,
uns an erlebter Geschichte zu freuen
und sie mit dem, was kommen wird, zu verbinden.

oder:

Ach Gott, wie hat dies Sterben
unser Leben durcheinandergebracht!
Wir quälen uns an Fragen,
auf die uns niemand Antwort gibt.
Werden wir Glauben finden,
der es lernt, dem Schrecken standzuhalten?
Werden wir aufhören können,
uns diesen Tod zu erklären?
Oder bleiben wir am Tode hängen?
Gott, laß uns am Leben bleiben.
Mehr zu wünschen, fehlt uns für jetzt die Kraft.

oder:

Auch wenn wir am Ende sind,
auch wenn uns so sinnlos vorkommt,
was wir erleiden –
Herr, wir glauben,
daß wir bei diesem Tod nicht stehenbleiben müssen.
Wir verlassen uns darauf,
daß nicht leer bleiben wird,
was jetzt in uns leer ist.
Wir hoffen,
daß wir unser eigenes Leben wiederfinden,
und sind gewiß,
daß Liebe Vergangenes und Kommendes verbindet.
Sie macht uns frei, diesen Tod anzunehmen –
wie unseren eigenen.

oder:

Wir sind voller Traurigkeit
und wollen doch nicht so verlassen bleiben –
aufgehalten in bitteren Gedanken.
Herr, laß uns zu dem Glauben kommen,
der das Dunkle erträgt und der Angst widersteht.
Laß uns das Sterben annehmen in unserem Leben.
Laß uns jetzt damit anfangen,
und uns wird geholfen sein.

AUSGANGSWORT

Wir gehen nun zum Grab.
Gott behüte uns heute und in den Tagen,
die kommen.

ORGELNACHSPIEL

AM GRAB

Wir begraben N. N.,
legen Erde zu Erde. *(Erdwurf)*
Was ist ein Mensch?
Er ist mehr,
als wir vor Augen haben und begreifen.
Jesus war Mensch.
Darum hoffen wir auf Gott,
auf Liebe, die das Sterben erträgt.

oder:

Wir begraben N. N.,
legen Erde zu Erde. *(Erdwurf)*
Wir hoffen auf Gott.
Unser Leben wird aufgehoben sein.
Daran glauben wir.

oder:

Nachdem N. N. gestorben ist,
begraben wir ihn/sie.
(Unter dreimaligem Erdwurf):
Erde zu Erde, Asche zu Asche, Staub zum Staube.

Gemeinsame Fortsetzung:

An diesem/seinem/ihrem Grab
beten wir und sprechen miteinander:

UNSER VATER

SEGENSWORT

Gott behüte uns,
dann, wenn wir kommen,
und dann, wenn wir gehen.
Bei allem, was böse ist,
bewahre er uns.
Die Vernunft und alle Sinne lasse er uns.
Er segne unsere Zeit.

oder:

Die Gnade unseres Herrn Jesus Christus und die Liebe Gottes und die Gemeinschaft des heiligen Geistes sei mit euch allen. Amen.

GOTTESDIENST ANLÄSSLICH EINER BEERDIGUNG

Für Menschen, die mit dem Tod des Gestorbenen schon längere Zeit haben rechnen müssen

Der Ablauf der Ordnung ist der gleiche wie Seite 75 ff. Hier sind nur die Stücke ausgedruckt, die für diese Fälle entworfen bzw. ausgewählt sind.

MEDITATION

Eine Stimme, die uns vertraut war, schweigt;
ein Mensch, der immer da war, ist nicht mehr.
Er braucht uns nicht mehr. Wir halten inne.
Vergangenes zieht in Gedanken vorbei:
gemeinsame Stunden,
die gelungen sind oder leer blieben.
Stunden, in denen wir miteinander lachten,
und Stunden, in denen es schwer war.
Wir kamen uns nahe, wir blieben uns fremd.
Wir merken jetzt, was uns fehlt,
und fragen uns, was denn bleibt.
Wir werden der Trauer recht geben;
aber sie muß nicht das letzte Wort behalten.

oder:

Wir haben es kommen sehen,
aber wir möchten es noch nicht wahrhaben.
Ein Mensch, der uns liebhatte (lieb war),
muß begraben werden.
Wir fürchten uns vor seinem/ihrem leeren Platz.
Der Tod ist uns näher gerückt.
Er wird uns Gedanken machen,
wenn wir an der Arbeit sind
und wenn wir uns Freude bereiten.
Es werden Zweifel kommen
und mit unseren Hoffnungen streiten.
Dann wird es gut sein, auf unser Leben zu achten,
für Vergangenes wie für Kommendes zu danken.

Variation:

Wir wollen nicht wahrhaben, was wir erwarten mußten.
Wir können es noch nicht fassen:
Ein Mensch, der uns lange vertraut war,
muß begraben werden.
Wir sind ärmer geworden.
Unser Leben sieht jetzt anders aus:
Der Tod ist uns plötzlich näher.
Er wird Eingang finden in unsere Überlegungen,
in unsere Arbeit und Freude,
in Zweifel und Hoffnung,
in Streit und Versöhnung.
Immer ist Zeit, für das Leben zu danken –
für vergangenes und kommendes.

oder:

Zu Ende ist die Arbeit,
die Last und Freude dieses Lebens.
Wir stehen traurig da.
Laßt uns bewahren,
was tröstlich ist und bleibt.
In dem, was uns geschieht,
steht Gott uns bei.
Wir wollen dankbar sein.

oder:

Wir haben vor Augen,
daß es ein Ende mit uns haben wird
und wir abtreten müssen.
Ein paar Bilder im Album werden von uns bleiben,
ein Grabstein, dessen Schrift verwäscht.
Am Ende ist der Lebenslauf kurz erzählt,
auf Daten schrumpft er zusammen.
Wir haben uns viele Wege gemacht. –
Wer fragt noch danach?
Wir haben gesammelt. –
Wer wird es aufheben?
Was wird von uns übrigbleiben, Gott?
Stell ein Ziel vor uns hin!
Und wenn wir darauf zugehen,
für Bekannte zu Fremden werden,
soll das keinen von uns verhärten.
Wir gehen, hinterlassen anderen,
woran wir gehangen.
Ein Glück, wenn wir freikommen.

(über Psalm 39)

LESUNG

Es soll nur eine Bibelstelle verlesen werden, von der auch die Predigt ausgehen kann.
Vorschläge für eine Lesung:
Matthäus 8,(22).23–26 / Markus 4,26–29 / Johannes 5,24 / Johannes 21,18 f. / Offenbarung 14,13.

X' Wort bringt ewiges Leben
Sturmstillung
Selbstwachsende Saat
jung = selbst gegürtet
alt => wird gegürtet
zum Martyrium (Petrus)
Tod = ruhen von der Arbeit

GEBET

Wir müssen einen Menschen hingeben,
der uns vertraut war.
Das fällt uns schwer.
Herr, mach uns dazu bereit,
damit wir uns nicht in der Trauer verlieren.
Hilf, daß wir den Wert der Tage ermessen,
die uns füreinander gegeben sind.
Wir bedenken, was N. N.
für unser Leben bedeutet:
wofür wir zu danken
und was wir für unser Leben zu bewahren
(aber auch, was wir zu verstehen
und zu vergeben) haben
und was wir selbst versäumten
und schuldig geblieben sind.
Gott, hilf uns, der Liebe treu zu sein,
die Brücken schlägt
zwischen denen, die kommen,
und denen, die gehen.

oder:

Gemeinsame Jahre haben ein Ende.
Wir sind traurig.
Abgebrochen ist auch ein Stück von eigenem Leben.
Wir fangen an zu verstehen,
was wir an N. N. gehabt haben.
Das kann uns bleiben.
Wir finden Grund zur Dankbarkeit,
auch wenn uns das Weinen näher ist.
Gott, laß jetzt das Leben nicht aufhören,
das dem Tod widerspricht:
wenn sie kommen und erwarten,
daß wir zuhören oder etwas sagen;
wenn sie uns suchen,
weil sie unseren Ernst brauchen oder unsere Freude.
Wir können uns liebhaben,
auch morgen.

Variation:

Herr, wir beklagen dieses Lebens Ende
und können uns gemeinsamer Jahre freuen.
Wir sind traurig und können doch dankbar sein.
Wir stellen uns vor, was noch hätte sein können –
damit ist es vorbei.
Wir merken, was uns zugute gekommen ist –
das wird uns bleiben.
So verlieren wir und sind doch nicht verloren.
Wir vertrauen auf das Wort, das mit Jesus beginnt.
Dieses Wort laß wahr werden, Herr,
wenn die Erwartungen anderer sich uns zuwenden,
wenn unser Zuhören oder Reden,
unsere Freude oder unser Ernst gebraucht werden.
Dann laß uns finden, was uns verbindet.
Laß uns aus dem Tod zum Leben kommen.

oder:

Unsere Zeit vergeht,
und mit der Zeit vergehen wir auch.
Weil wir das am Tod erfahren,
sind wir traurig und in Angst.
Wir denken an N. N.:
was sein/ihr Leben erfüllt hat,
ist nicht spurlos an uns vorübergegangen.
Dafür können wir dankbar sein.
Und vergeben sei, was zu vergeben ist.
Gott, laß uns bei denen sein, die traurig sind,
damit sie sich nicht verloren vorkommen,
sondern Zuversicht finden und Ruhe.
Und laß uns bewahren, was bewahrt werden muß.

GOTTESDIENST ANLÄSSLICH EINER BEERDIGUNG

Für Menschen, die mit dem Gestorbenen wenig Kontakt hatten

Der Ablauf der Ordnung ist der gleiche wie Seite 75 ff. Hier sind nur die Stücke ausgedruckt, die für diese Fälle entworfen bzw. ausgewählt sind.

MEDITATION

Wir suchen nach Erklärungen;
sie werden nichts ändern.
Wir wissen so wenig voneinander.
Jeder geht seinen Weg,
hat mit sich selber zu tun,
und eines Tages fragt keiner mehr nach ihm.
Herr, laß uns an anderen
die Einsamkeit ermessen,
auf die es mit uns hinausläuft;
laß uns beizeiten erkennen,
daß unsere Wege kürzer werden,
damit wir sehen, wo wir bleiben.
Laß uns beizeiten erkennen,
daß wir immer weniger zu bieten haben,
damit unsere Urteile uns nicht selbst treffen.
Wir wären so gerne aufgehoben!

oder:

Ein Mensch ist in seinem Leben wie Gras,
er blüht wie eine Blume auf dem Felde . . .
Das Gras ist verdorrt, die Blume abgefallen . . .

Wo sind sie denn, die sein Blühen erlebten:
die Farben, die Geschichten, die Liebe,
das gute Zeugnis und den Übermut?

Menschen verschlägt es . . .
Fremd sind sie unter uns.

Das Gras ist verdorrt, die Blume abgefallen . . .
1) . . . und ihre Stätte kennet sie nicht mehr . . .
od
(Psalm 103, 15 f. / 1. Petrus 1, 24)
2) ... aber des Herrn Wort bleibt in Ewigkeit ... (1. Petr 1,25)

LESUNG

Es soll nur eine Bibelstelle verlesen werden, von der auch die Predigt ausgehen kann.
Vorschläge für eine Lesung:
2. Korintherbrief 4, 6–8 / 1. Thessalonicher 5, 4–6 / Johannes 15, 9b–12.

GEBET

Herr, uns steht vor Augen,
wie einsam und vergessen dieses Leben ausging.
Die Schuld liegt auch bei uns,
wir können es nicht ändern.
Wenn wir altern
und die Ansichten fest werden
nach lebenslanger Mühe,
dann können unsere Erfahrungen helfen:
nicht, daß wir uns für unersetzlich halten
und reden, wo man uns nicht fragt,
sondern daß wir beizeiten Grenzen enger ziehen
und, was uns wichtig ist, anderen überlassen.
Das wird uns Brücken bauen, die verbinden.

oder:

Jeder hat seinen Platz im Leben.
Wer weiß, wie lange?
Plötzlich müssen wir hinnehmen,
daß wir überholt sind,
daß andere an unsere Stelle treten.
Wie gut, wenn wir Freunde haben,
die uns nichts vormachen,
wenn wir anderen
unsere Arbeit überlassen können –
ohne Groll.
Wie gut, wenn uns Menschen helfen,
den Platz zu finden,
an dem wir uns wohl fühlen.
Laß es uns erleben, Herr,
damit wir ohne Angst
über die Schwelle gehen.

Variation:

Jeder hat seinen Platz in der Welt. Keiner weiß wie lange.
Plötzlich erkennen wir, daß wir überfordert sind.
Wir müssen zurückstecken,
wir werden entbehrlich und einsam.
Das ist die Zeit, in der uns der Tod überholt.
Wie gut, wenn wir Freunde haben,
die ehrlich mit uns darüber reden;
wenn wir uns darüber freuen können,
daß unsere Arbeit von anderen übernommen wird,
daß Frucht und Lohn unseres Lebens anderen zugute kommen.
Wie gut, wenn Menschen mit uns bedenken,
wo Platz für uns bleibt im Leben.
Da halten wir uns nicht mehr mit unserer Einsamkeit auf.
Da kommen wir über die Schwelle der Enttäuschungen,
die wir an uns selber erleben.

1. Der Gottesdienst ist eine öffentliche Veranstaltung der Kirche.
2. Gerade die Liturgie – im Vergleich mit der Predigt des einzelnen Pfarrers – repräsentiert, worauf es der Kirche gegenwärtig ankommt, was sie glaubt und was sie erreichen möchte.
3. Liturgie steht in der Gefahr, sich zu stark auf die Gruppe der Eingeweihten zu beziehen und die größere Zahl der distanzierteren Kirchenmitglieder aus dem Bewußtsein zu verdrängen.
4. Wenn Tradition nicht in die jeweils neuen Situationen schöpferisch vermittelt wird, bleibt ihre Sprache stehen, wird in kircheninternen Sprachmustern abständig.
5. Ängstliches Wiederholen der alten Sätze gewährleistet bekanntlich nicht, daß wir die Tradition treu bewahren, die in lebendigem Glauben fortbesteht.
6. In der Liturgie kann nur dann deutlich werden, daß Glauben etwas Lebendiges ist, wenn sie in ihrer Darstellung beständig auf Gegenwart hin aktualisiert wird.
7. Durch Liturgie, die den Menschen in seinem Befinden erreicht, ihn annimmt und zur Sprache bringt, wird er befähigt, sich auf die weiterführende Bewegung des Glaubens einzulassen, die im Gebet angeboten wird.
8. In Familiengottesdiensten, deren Verkündigung Kinder anspricht, können sich auch Erwachsene angesprochen fühlen. So kann Liturgie, die auf wenig Eingeübte Rücksicht nimmt und die Zugangsschwelle für sie niedrig hält, vielleicht auch die Eingeübten neu ansprechen.

9. In unserer gebetsbedürftigen Zeit begegnet vielen Menschen Beten nur noch im Gottesdienst. So wird gottesdienstliches Beten in besonderer Weise beispielgebend.
10. Der Gebetsbedürftigkeit ist nicht aufzuhelfen mit agendarischen Gebeten, die keine gedanklichen und gefühlsmäßigen Entwicklungen erkennen lassen, sondern fertige Ergebnisse vorstellen. Sie ist vielmehr auf miterlebbare Lernerfahrungen angewiesen, die in den Gebeten angelegt sind und deutlich machen, wie man heute in den Vorgang des Betens – des persönlichen Betens und des Betens mit anderen – hineinfinden kann.
11. Die Sperrigkeit der Zumutungen Gottes wird sich im Gebet eher in gewagten Bildern und Gedanken niederschlagen als in längst geläufig gewordener kirchlicher Nomenklatur.
12. Wenn die Verbindlichkeit des Gebeteten für die Realitäten des Lebens spürbar bleiben soll, müssen konkrete Lebenssituationen ebenso farbig eingebracht werden wie die Zumutungen Gottes.
13. »Vernünftiger Gottesdienst« betet im Erfahrungsfeld Mensch, in dem unsere tatsächlichen Erfahrungen im Sinne Jesu überschritten werden können. So intendiert Gebet, daß unser Handeln die Qualität von Gottes Handeln erhält.
14. Vielen Menschen ist der Zugang zum Beten deshalb verstellt, weil sie das Reden von Gott als etwas erlebt haben, was einschüchtert und durch wachgehaltene Schuldgefühle Angst macht; traumatisiert müssen sie dies immer wieder so erleben. Aus Rücksicht auf diese Verletzten ist ein vorsichtiges Abholen in ein befreiendes Gottesverständnis notwendig, das ermutigen kann, wenn es konkret ausgesagt wird.

15. Im Blick auf Menschen, denen die Anrede Gottes nicht mehr über die Lippen geht, und auf Menschen, denen sie zu glatt über die Lippen kommt, ist sensible Zurückhaltung heilsam, sowohl in der Verwendung üblicher und neuer Benennungen Gottes, als auch im Anreden Gottes überhaupt.

16. Beten ist nichts spezifisch Christliches. Weniger das Vokabular, eher die Art und Ausrichtung, vor allem aber die Inhalte einschließlich ihrer unterschwelligen Zwischentöne werden ein Gebet als christlich erweisen müssen.

17. Trotz der Gegenbewegung neuer Spiritualität schreitet der Schwund an Gebetspraxis in der Breite der Bevölkerung fort. Er setzt weniger beim spezifisch Christlichen ein, als vielmehr beim Beten selbst, der uralten religiösen Ausdrucksform des Menschseins überhaupt. Im Bild: Nicht der veredelte Teil der Rose fängt an abzusterben, sondern der Wildling, der sie trägt.

18. Die weithin noch unbewältigte Problematik des Verhältnisses zwischen biblischer und heutiger Weltvorstellung und Welterfahrung wirkt sich erschwerend auf das Beten – und damit auch auf das Mitbetenkönnen im Gottesdienst – aus, jedenfalls im Bereich der landläufigen Verkündigung.

19. Wichtiger als die veränderten Weltvorstellungen dürften inzwischen die Veränderungen im Bereich menschlicher Beziehungen und Kommunikationsstrukturen sein, die ins Gespräch und in Gang gekommen sind. Sie sind erst recht nicht bis in die landläufigen Äußerungen der Kirche vorgedrungen und bis in die Liturgie hinein theologisch verarbeitet worden; weithin wurden sie noch nicht einmal ernsthaft zur Kenntnis genommen.

20. »Frömmigkeit« ist ein ursprünglich das Verhältnis von Mensch zu Mensch und Tier zu Mensch (»fromm« ist ein Pferd, das sich dem Menschen gegenüber gutwillig verhält) bezeichnender Begriff, der später auch auf das Verhältnis des Menschen zu Gott und Gottes zum Menschen übertragen und dann bezeichnenderweise nur noch auf dieses religiöse Verhältnis angewendet wurde. Frömmigkeit verfällt, wenn sie nicht das religiöse Beziehungsfeld im Einklang mit dem mitmenschlichen ausspricht und lebt.

21. Liturgie, die die religiöse Kommunikation von der mitmenschlichen ablöst und trennt – oder gar abwertend die eine über die andere stellt –, trägt zum Verfall der Spiritualität bei.

22. Kommunikationsstrukturen, in denen das Verhältnis zu Gott – implizit auch das mitmenschliche Beziehungsfeld – ausgedrückt und empfunden wird, wirken sich im Gebet beispielgebend und empfehlend auf beide Bereiche aus.

23. Mit Rücksicht auf viele Christen, die durch Nachdenken über Geschichte allergisch und sensibel geworden sind, sollte Liturgie die ihr zugrundeliegenden Beziehungsstrukturen – besonders solche, die an fragwürdig gewordenen menschlichen Verhältnissen festhalten – sorgfältig überprüfen: Herr – Knecht, Allmächtiger – Unmächtiger, Allwissender – Unwissender, Befehlender – Gehorchender u. a. Bei der Neugestaltung von Liturgien sollten solche Beziehungsstrukturen durch mehr partnerschaftliche ersetzt werden: Freund, Bruder, begleiten, verstehen, mitgehen u. a.

24. Besonders problematisch erscheint die gern in Anspruch genommene Gottesbezeichnung »Herr«, die schon im

Alten Testament den älteren Gottesnamen Jahwe baal-infiziert überlagert. Diese auch vom Kaiser-Kult in Anspruch genommene Gottesbezeichnung hat – ins Neue Testament übernommen – mit ihren heidnischen Untertönen stärker geprägt als die spezifisch evangelischen Gegenbilder: Markus 10, 18 (Jesus weist die Anrede »guter Meister« ab), Markus 10, 42–45 (nicht herrschen, sondern helfen), Johannes 13, 12–17 (Das Beispiel Jesu), Johannes 15, 15 (nicht unwissende Knechte, sondern verstehende Freunde), Galater 4, 1–7 (verantwortlicher Erbe) u. a.

25. Regressiv sich auswirkende Beziehungsstrukturen im Verhältnis zu Gott, die unseren Liturgien unterlaufen, sind sicher ein entscheidender Grund dafür, daß viele wache Christen unserer Tage zwar das Evangelium von Jesus lieben, gute Gesprächsangebote der Kirche gerne in Anspruch nehmen, bei Aktionen engagiert mitarbeiten, aber den Gottesdiensten aus dem Wege gehen.

26. Neuformulierte liturgische Texte sollten das Handeln Gottes nicht über uns hinweg erbitten und dankend aussprechen. Gottes Handeln sollte vielmehr so gedacht und empfunden werden, daß es unser Miteinander und unsere Weltverantwortung einschließt: durch uns, mit uns, in uns, von uns zu anderen und von anderen zu uns – »Christus hat keine Hände, nur unsere Hände . . .«. So könnten viele – nicht nur junge – Menschen aus den blockierenden Enttäuschungen ihrer irregeleiteten Gotteserwartungen gerettet werden. Die massive Sprache von Gebeten und Beispielgeschichten hat nicht selten Gebetswünsche hervorgerufen, deren Vergeblichkeit die Ansätze aufwachender Spiritualität erstickt.

27. Bezogen auf menschliche Kommunikation kann christliches Beten – jedenfalls so, wie es sich weithin in unseren

Liturgien darstellt – von aufmerksamen Menschen unserer Zeit (und instinktiv wohl auch von der breiten Bevölkerung) kaum noch als Beispiel angesehen werden, das weiterführt. Deshalb verfällt das Beten allgemein oder wandert in stärker kommunikativ wirkende Gruppen und Sekten aus. Im Bild: Weil die Zweige und Blätter der Rose den Wildling nicht mehr so ernähren, wie er es in diesem Boden brauchte, stirbt er ab. (Vgl. Satz 17.)

28. Das Beten müßte wieder in den weiten Zusammenhang menschlicher Kontaktstrukturen, die noch unter uns lebendig und erstrebenswert sind, eingebettet und christlich modifiziert zum Blühen gebracht werden.

29. Beten sollte sich darum bemühen, partnerschaftliches Miteinander-Reden und das Bedenken des Notwendigen aufzunehmen – besonders aber solche menschlichen Äußerungen, die Ausdruck von Beziehungen sind, die über uns selbst hinausweisen: »sich etwas wünschen« – »anderen etwas wünschen« – »zugeben und eingestehen, daß . . .« – »sich Sorge machen um« – »befürchten, daß . . .« – »nachdenken über« – »klagen über« – »gute Einfälle haben« – »sich freuen über« – »dankbar sein für« – »erlebt haben, daß . . .« usw. Diese Gott entgegenkommenden Äußerungen sollten ins Gebet genommen werden und neben dem enggewordenen Kanon der klassischen Gebetsworte (»Laß uns« – »gib uns« – »hilf uns« – »vergib, daß . . .« – »wir danken dir, daß . . .« – »wir loben dich« – »wir preisen dich« usw.) vorrangig verwendet werden.

30. Am Bilderreichtum und der Leidenschaft der Psalmen kann das auf die spracharmen Kategorien Bitte und Fürbitte, Sündenbekenntnis, Lob und Dank, Vergegenwärtigung und Anbetung geschrumpfte gottesdienstliche Beten wieder Weite und die Farbe des Lebendigen gewinnen.

31. Wer Gemeindeglieder an der Vorbereitung von Gottesdiensten beteiligt, wird darüber staunen, daß selbst die erfahrensten unter ihnen Mühe haben, die Abfolge der einzelnen Stücke aus dem Gedächtnis richtig wiederzugeben.

32. Der Widerstand der Gemeinde gegen Veränderungen der Liturgie richtet sich fast immer gegen die Veränderung der Stücke, die von der Gemeinde mitgesprochen oder gesungen werden, kaum jedoch gegen die Veränderung ihrer Abfolge.

33. Das Stabilisierende der liturgischen Ordnung sind offenbar die Stücke, die gleichbleibend von der Gemeinde gesprochen oder gesungen werden (Kyrie, Gloria, Credo u. a.). An ihnen hängt das Gefühl der Vertrautheit und der Einheit in den Kirchen, weniger dagegen an dem gleichbleibenden Ablauf der Liturgie.

34. Liturgie kann lebendiger gestaltet werden und den einzelnen Stücken wieder neues Profil geben, wenn sie die Abfolge der Stücke je nach Thema oder De-tempore variabel hält. Das Stabilisierende der Ordnung braucht dadurch nicht gefährdet zu werden. In einem Gottesdienst mit Bußcharakter könnte z. B. das Kyrie auf die Predigt folgen; in einem auf Dank ausgerichteten Gottesdienst könnte der Psalm am Schluß stehen; ein das Beten betonender Gottesdienst könnte mit dem Vaterunser beginnen.

35. In den wichtigsten Stücken des üblichen Ordinariums (Gloria patri, Kyrie, Gloria, Credo, Abendmahlsworte, Vaterunser) ist der Zusammenhang mit Tradition und

Oekumene deutlich gegeben. Diese Stücke werden aber nur aktuell und lebendig bleiben können, wenn die freien Stücke des Propriums sich nicht im gleichen Sprachraum bewegen. Diese müßten vielmehr bei den Erfahrungen und dem Glauben unserer Zeit ansetzen und die Brücke schlagen zur Tradition hin und von ihr herüber zu uns.

36. Die Gebete sollten sich von den Lesungen ebenso stilistisch abheben wie von den Traditionsstücken des Ordinariums. Gebeten wie Lesungen ist nicht damit gedient, wenn die Gebete Sprache und Anschauungsmittel der Lesungen lediglich wiederholen. Sie sollten vielmehr Brücken schlagen zwischen den Grundaussagen der Lesungen und der Sprache und den Situationen unserer Zeit, damit Liturgie nicht fern von uns am Ufer biblischer Sprache und Erfahrungswelt bleibt.

37. Die Hoffnung des Glaubens drückt sich in konkreten Bildern aus, die der Glaube den Defiziten unserer Welterfahrung entgegenstellt. Wie die Klagen unserer Zeit sollten auch die Hoffnungsbilder heutigen Glaubens neben den klassischen der Bibel ihren Platz finden in gegenwärtiger Liturgie.

38. Die Spannung zwischen Klage und Hoffnung ist in gegenwärtiger Sprache besser zum Ausdruck zu bringen als in der Sprache der Väter, die beide Bereiche zur Feierlichkeit nivelliert.

39. Die Thematik der Gottesdienste sollte durchsichtiger werden. Bisher ist sie noch weithin von den Perikopen bestimmt und selbst von versierten Liturgikern kaum plausibel zu machen. Werden in Predigthilfen neue Themen angeboten, dann fehlen dazu passende Gebete meist ebenso wie eine liturgische Gesamtkonzeption.

40. Die meisten Agenden erschweren das Aussuchen von thematisch passenden Gebeten dadurch, daß sie diese dem De-tempore des Kirchenjahres zuordnen und kein Stichwortverzeichnis anbieten.

41. Die am Kirchenjahr orientierte Thematik der Gottesdienste – aus den Perikopen abgeleitet – erweist sich als zu eng gegenüber den Themen unserer Zeit, die uns zum Bedenken, zum Bitten und Danken im Gottesdienst aufgegeben sind. Die Liturgie sollte öfter von aktuellen Themen her konzipiert werden, für die dann beziehungsreiche Perikopen und passende Gebete auszuwählen sind.

42. Modelle thematischer Gottesdienste bleiben immer problematisch, weil sie vom Situationsbezug leben und deshalb bestenfalls in Teilen übertragbar sind. Gebraucht werden liturgische Texte unterschiedlichen Charakters und unterschiedlicher Thematik, die in den verschiedensten Liturgie-Konzeptionen ihren Platz finden können.

43. Der Verlauf des Gottesdienstes kann dadurch menschlicher werden, daß die Gemeinde auch in der Liturgie unmittelbar angesprochen wird. Die üblichen Aufforderungen zum Hören, Beten, Bekennen – und der Gruß – haben die Ansätze dazu ritualisiert, aber gerade an diesen Stellen ist Ritualisierung fehl am Platz. Auch durch wechselnde liturgische Stücke sollte die Gemeinde gedanklich wie emotional einbezogen und zum Bitten oder Danken motiviert werden.

44. Eine durchgängige Moderation, die den Verlauf mit ansagenden, überleitenden und motivierenden freien Sätzen begleitet, kann wesentlich zu einem menschlichen Gottesdienst beitragen, dessen Feierlichkeit nicht steif ist.

45. Weil der den Gottesdienst-Verlauf moderierende Liturg sich möglichst identisch mit seiner Person, mit seinen besonderen Möglichkeiten und seiner Sprache einbringen und sensibel auf die jeweils gegebene Situation eingehen muß, können dafür keine Formulierungen vorgegeben werden. Sie würden das gerade verhindern, was nötig ist. Moderation kann nur im Vollzug erlebt und gelernt werden.

Wir sind uns dessen bewußt, daß diese Gedanken Ziele setzen, die wir nur zum Teil in unseren Texten verwirklicht haben. Andererseits sind wir vielleicht mit den Texten schon auf Wegen, die wir theoretisch noch nicht durchdachten. Wir lassen beides so nebeneinander stehen als ein Zeichen unseres Unterwegsseins.

zur Eröffnung

Macht die Tore weit auf und alle Türen in der Welt
damit Gerechtigkeit einziehe.
Was denn für eine Gerechtigkeit?
Die Gerechtigkeit, die von Gott kommt
und allen Menschen gelten soll!
Macht die Tore weit auf und alle Türen in der Welt,
damit Gerechtigkeit einziehe.
Was denn für eine Gerechtigkeit?
Die Gerechtigkeit, die von Gott kommt
und Frieden schafft – überall.

nach Psalm 24

Die Erde und alles, was lebt, gehört nicht uns,
gehört auch den Machthabern nicht.
Die Erde und alles, was lebt,
besteht in dir, guter Gott.

Du hältst uns und führst uns durch Abgründe.
Über dem Abgrund hältst du die Erde.
Wir stürzen nicht ins Unheil,
du begleitest uns sicher.

Macht einen großen Empfang!
Schmückt eure Häuser und Straßen,
die Marktplätze wie die Kirchen,
damit euer Gott ankommen kann – bei euch.

Wer ist das: unser Gott,
stark und mächtig,
überlegen jedem Streit?

Er ist gerecht, ein Helfer,
und reitet auf einem Esel.

Macht einen großen Empfang,
damit er ankommen kann – bei euch.

Wer ist das? Fragt ihr immer noch?
Er, der gute Gott,
in ihm gewinnt die Erde und alles, was lebt.

nach Psalm 24

Wenn Fluten über uns zusammenschlagen,
wenn die Angst uns gefangen hat:
Du fällst immer tiefer,
es geht dir ans Leben.
Du denkst:
Da ist kein Gott mehr,
verloren bin ich, verloren. –
Aber gehalten ist unser Leben.
Du holst uns heraus,
guter Gott.
Die sich ans Nichts halten,
erleben nichts.
Wir danken Gott,
wollen uns leiten lassen von ihm,
der uns hilft.

nach Jona 2

Als der Tod nach mir griff,
als die Schatten mich einholten,
da schrie ich in meiner Angst,
da rief ich nach meinem Gott.

Und er streckte seine Hand nach mir aus,
er faßte mich und zog mich ins Licht.
Er führte mich ins Weite,
riß mich heraus, weil er mich mag.

Hell leuchtet dein Licht,
Gott, in meiner Finsternis.
Du gibst meinen Schritten Schwung,
mit dir kann ich über Mauern springen.

Gott lebt noch. Ich rede gern von ihm.
Er ist der sichere Boden unter meinem Fuß.
Er rettet die, die sonst verloren wären.
Wir wollen ihm danken, jeden Tag.

nach Psalm 18

Wenn Gottes guter Geist nicht leitet,
wo wir bauen,
dann setzen wir auf uns.
Wenn er die Stadt nicht schützt,
dann gehen wir verloren.

Es ist umsonst,
nur an sich selbst zu denken,
in seinen Wichtigkeiten aufzugehn.
Es ist umsonst,
vom Morgen bis zum Abend
nur eignen Sorgen nachzulaufen,
wo andere im Schatten stehn.

Wenn Gottes guter Geist begleitet,
was wir bauen;
wenn er die Stadt beschützt,
dann wird es Leben für uns alle geben
und Frieden, der den Schwachen nützt.

nach Psalm 127

Begeistert euch für Gott,
denn Gott ist gut.
Die Fertigen sollen das hören!

Wir lebten fraglos vor uns hin,
da waren wir mit ihm am Ende.
Wir fingen zu fragen an,
da war er uns weit voraus.

Mit Gott am Anfang:
Freiheit regt sich –
sie treibt heraus
aus dem Geschwätz der Gestrigen.

nach Psalm 34

Auf Gott vertrauen wir.
Himmel und Erde sind sein.

Entkommen sind wir wie Vögel,
wie Vögel den Fallen des Fängers,
entkommen dem Netz der Verkäufer.
Zerrissen sind Schlinge und Netz,
und wir sind frei!

Sie hatten uns fast überlistet,
wir waren schon verkauft,
mit uns war es aus.

Gott, wird danken dir.

nach Psalm 124

Wer kann sich auf Gott berufen?
Wer kann davon ausgehen, daß er an ihn glaubt?
Der ehrlich ist in dem, was er sagt.
Der es nicht nötig hat, andere schlecht zu machen.
Der nichts ersinnt, was anderen schadet.
Der seinen Nachbarn im Recht läßt.
Der sich nicht überall anpaßt.
Der für seine Überzeugung geradesteht,
auch wenn es ihm schadet.
Der sich für Recht und Wahrheit einsetzt
und sich durch nichts dazu bringen läßt,
gegen sein Gewissen zu handeln.
Wer so lebt, der wird vor der Wahrheit bestehen.

nach Psalm 15

Danken müßte man können
und sich ehrlich freuen!
Danken und nicht vergessen,
wie gut es uns geht.
Wenn wir für alles hätten büßen müssen?
Wenn die Zeit nichts heilte?
Wenn es zum Letzten gekommen wäre? –

Wir wurden verschont;
wir kamen darüber hinweg.
Das Leben wurde uns geschenkt,
die Möglichkeit, neu zu beginnen.
Danken müßte man können
und sich ehrlich freuen!

nach Psalm 103

Oft bin ich ganz allein
und komme mir verloren vor.
Die anderen merken es nicht.
Dann sehne ich mich nach dir,
Gott im Verborgenen.
Hol mich heraus,
führe mich auf die Höhe,
daß ich die weiten Felder
wieder sehen kann,
in denen unser Leben spielt.

Ich kann wieder aufatmen,
denn Gott hat mich Gutes erfahren lassen.
Ich war ganz daneben, aus dem Gleichgewicht,
und habe mich wieder fangen können.
Mein Leben blieb verschont,
ich muß nicht mehr weinen.
Im Vertrauen auf Gott werde ich leben.
Mein Leben ist hart
und wird es bleiben,
aber ich glaube.
In meiner Verzweiflung meinte ich:
Die Menschen sind schlecht.
Aber sie haben mir geholfen.
Wie meinen Dank ausdrücken?
Es sollen nicht nur Worte sein.
Aus den Erfahrungen, die ich gewonnen habe,
will ich nun leben.

nach Psalm 116

Ich will dich täglich loben
und von deinen Taten erzählen:

Du bist barmherzig,
deine Güte umgibt uns jeden Tag.
Du läßt keinen fallen.
Die traurig sind, tröstest du.
Niedergeschlagene richtest du auf.
Wir alle warten auf dich.
Du gibst Speise zur richtigen Zeit.
Du öffnest die Hände
und sättigst alles, was lebt.
Deine Liebe kommt nahe denen,
die dich suchen.
Die dir vertrauen, behütest du.

Täglich will ich dich loben, Gott,
und von deiner Güte erzählen.

nach Psalm 145

Die Frage nach Gott läßt mir keine Ruhe.
Wenn ich darüber nachdenke,
wie ich so lebe – wie es sein sollte – eigentlich –
wie es sein könnte,
dann wird mir deutlich, wie ich dich brauche,
den Lebendigen, der es anders werden läßt,
damit das Leben sinnvoll und menschlich wird.
Wann werde ich dahin kommen, Gott so zu erleben,
daß mein Leben dadurch neu wird?

Dauernd fühle ich mich gefragt:
wo ist dein Gott?
Und das quält mich Tag und Nacht.

Denke ich dann an die Gemeinde, zu der ich zähle,
ist wieder die Frage: Was sollte sein und was ist?
Denke ich an die Gottesdienste, die gefeiert werden:
Finde ich da Hoffnung, Mut und Hilfe?
Ich komme mir vor wie ein Fremder;
es sieht traurig aus, auch in mir.
Die Fragen wachsen mir über den Kopf,
ich finde keinen Halt, sehe keinen Ausweg.

Warum hast du uns verlassen?
Warum behalten recht, die nicht glauben,
die höhnisch fragen: Wo ist denn euer Gott?

Sende dein Licht und deine Wahrheit,
daß sie uns leiten zu neuem Leben,
zu dem Gott, der unsere Hoffnung ist
und dem wir für seine Hilfe noch danken werden.

nach Psalm 42/43

Wenn Freiheit wahr wird,
wenn Zwänge und Terror zerbrechen,
wird es sein, als ob wir träumen.
Dann werden wir lachen und einen Tanz anfangen.
Unsere Geschichte werden wir allen erzählen.
Auch die Skeptiker werden dann staunen
und zugeben müssen:
Sie sind frei.
Ja, wir sind frei.
Das verdanken wir Gott.
Wir freuen uns nicht umsonst.

Bring die Unterdrückten ans Licht,
die nichts zu lachen haben;
die Ausgebeuteten, die im Schatten der Erde vergehen.
Frei sollen sie werden wie wir
und mit uns tanzen und lachen.

Die mit Tränen säen, werden sich freuen,
wenn sie ernten.
Sie gehen und weinen,
säen unter Tränen –
sie kommen wieder,
ernten und sind voll Freude.

nach Psalm 126

Die nach Gott fragen,
werden es gut machen.
Gott ist Gerechtigkeit und Güte,
Friede für die ganze Welt.
Die auf Gewalt bauen,
machen noch mehr kaputt.
Die groß herauskommen wollen,
bringen nichts.
Die es allen recht machen,
verwaschen die Unterschiede.
Und es bleibt, wie es ist.
Die aber Frieden wollen,
gehen vom anderen aus.

Sie nehmen die Geschichte ernst
und haben langen Atem.
Sie machen sich nichts vor
und behalten die Hoffnung.
Sie können zugeben
und verkürzen doch nicht das Ziel.
Sie verstehen sich auf Güte,
stecken Verdächtigungen ein.
Das bringt die Welt vom Tod zum Leben.

nach Psalm 33

Wo sind die, die nach Gott fragen,
die sich auf sein Wort einlassen?
Gott ist Gerechtigkeit und Güte,
ist Friede für die ganze Welt.
Die auf Gewalt setzen, helfen nicht;
wer selbst der Größte sein will, rettet keinen.
Hilfe und Rettung kommt von denen,
die auch für andere Frieden wollen
und sich von Güte leiten lassen.
Das errettet vom Tode
und bewahrt das Leben in aller Not.
Gott, auf den wir hoffen,
erfülle uns mit deiner Güte.

nach Psalm 33

Wer falsche Ratgeber durchschaut, der ist gut dran,
wer sich von schlechtem Vorbild nicht verleiten läßt
und nicht Wege geht, die in Schuld enden müssen.
Gut ist dran, wer sich nicht zu denen hält,
die gedankenlos über Gott daherreden
und für den Glauben nur Spott haben,
sondern wer nachdenkt über das, was uns helfen kann,
und dann weiß, was er glaubt und wofür er lebt.

Der ist wie ein Baum mit tiefen Wurzeln,
der Kräfte hat, dem Wetter standzuhalten
und Frucht zu tragen, wenn es an der Zeit ist.
Der verbringt sein Leben nicht nutzlos,
und woran er arbeitet, das wird nicht vergeblich sein.
Denn wer nach Gott fragt, der entdeckt das Leben,
das ganzen Einsatz lohnt und sich bewährt.

nach Psalm 1

Der ist gut dran, der falsche Ratgeber durchschaut,
der sich von schlechten Vorbildern nicht verleiten läßt
und die Wege nicht geht, die in Schuld enden müssen.
Der ist gut dran, der sich nicht zu denen hält,
die gedankenlos über Gott reden
und spöttisch über Menschen, die glauben.
Der ist gut dran, der sich Gedanken macht,
der zu begreifen sucht, was er glaubt und wofür er lebt.

Der ist wie ein gesunder Baum,
voll im Laub, gut in der Frucht.
Der verbringt sein Leben nicht nutzlos,
und woran er arbeitet, das wird nicht vergeblich sein.
Denn wer nach Gott fragt, der entdeckt das Leben,
das lohnen wird und sich bewährt.

nach Psalm 1

Hört auf mit großen Sprüchen.
Es kommt alles an den Tag.
Zählen wird, was ihr wirklich tut –
nicht, was ihr versprecht.
Gott könnt ihr nicht bestechen.

Die Übergangenen gewinnen an Macht.
Wann werden die Machthaber einsehen,
daß sie mit ihrer Kunst am Ende sind?

Wer das große Geld hat,
muß Gewinne machen –
um jeden Preis.
Die nichts zu verlieren haben,
fangen an zu gewinnen –
und fürchten sich nicht mehr.

Die Unterdrückten schütteln schon
den Staub von ihren Füßen.
Es kommt die Zeit,
und sie werden nicht mehr zu übergehen sein.

Gott macht die Armen reich.
Gott macht die Reichen arm.
Er stürzt in den Tod.
Er führt ins Leben.
Gott hält die Welt in der Waage.

nach 1 Sam 2

Danken müßte man können
und sich ehrlich freuen!
Danken und nicht vergessen:
Wie gut es uns geht.
Wieviel Schuld wir nicht haben ausbaden müssen.
Wieviel geschlagene Wunden mit der Zeit verheilten.
Vor Augen war nichts als Zerfall.
Und trotzdem gab es den neuen Anfang.
Wir sind am Leben geblieben
und sehen Kinder groß werden,
die aus unsrer Vergangenheit herauswachsen.

nach Psalm 103

Auf einmal war Nacht um mich.
Ich bekam große Angst.
Die Dunkelheit schluckte alles,
auch die vertrauten Bilder meines Glaubens.
Bis meine Augen sich gewöhnten:
dann ahnte ich Umrisse,
ich tastete weiter,
fand mich langsam zurecht.
Ich spürte:
Du brauchst dich nicht fürchten.
So habe ich mein Leben gefunden,
nehme auf mich,
was vor mir liegt.
Denn in allem,
was überstanden werden muß,
wird es Glauben geben.

nach Psalm 116

Daß unser Gottesdienst doch nicht vergeblich wäre!
Daß uns geholfen würde,
unser Leben besser zu verstehen!

Unser Fragen nach dir –
laß es nicht umsonst sein.
Deine Wahrheit, Gott –
laß sie nicht verschlossen bleiben.
Damit wir nicht dastehen wie Abgewiesene.

Von Gottes Wort erwarten wir doch Hilfe,
die uns Richtung gibt und das Leben heilt.

Laß uns getröstet den Weg deiner Güte gehen.
Denn wo Güte ist, da verschwindet die Angst,
und das Leben kehrt wieder, das wir suchen.

nach Psalm 27

Das Vertrauen auf Gott stelle ich über alles.
Ich denke an ihn und freue mich,
denn er hat mich entdeckt.
Obwohl nichts Besonderes an mir ist,
hat er mich doch beachtet.
Auch in Zukunft wird man von meinem Glück reden,
denn er hat meinem Leben Bedeutung gegeben –
er, der seine Macht so ganz anders erweist,
dessen Güte durch die Jahrhunderte erfahren wird
von denen, die nach ihm fragen.
Seine Stärke ist die Überlegenheit:
Die über alles erhaben sind,
verlieren sich im Nichts.
Die sich der Welt bemächtigen wollen,
greifen ins Leere,
aber die Unbeachteten gewinnen.
Die nichts vorweisen können,
werden mit Güte beschenkt,
die alles schon haben, gehen leer aus;
wer sich auf ihn verläßt, den richtet er auf.
Seine Barmherzigkeit gilt von neuem,
wie es unseren Vätern gesagt worden ist,
Abraham und allen, die wie er vertrauen.

nach Lukas 1, 46–55

Wir danken Gott von ganzem Herzen
und reden von dem, was er bei uns tut.
Er ist Grund unserer Freude,
mehr als alles, was uns erfreut.
Denn Gott ist des Hilflosen Rettung;
die Kraft, die wir brauchen, ist er.
Darum hoffen auf Gott, die ihn kennen;
die ihn suchen, läßt er nicht im Stich.
Wir kommen nicht weiter.
Gott, zeig uns Wege, damit wir uns zurechtfinden
und sagen können, was du tust:
Die es schwer haben, übergehst du nicht;
und die verlieren, gehen nicht verloren.
Sie halten sich an die Hoffnung;
du läßt sie nicht fallen.

nach Psalm 9

Das Jahr neigt sich dem Ende zu.
Wir sind zusammen,
um uns zu orientieren,
um zu bedenken,
wofür wir zu danken haben
und was uns fehlt,
was wir bekennen
und was wir erbitten müssen.
So können wir einen Sinn finden
in allem, was uns erfreut
und was uns enttäuscht,
was uns geschenkt ist
und was uns versagt bleibt.

Im Namen Gottes gehen wir
aus dem alten in ein neues Jahr
und möchten begreifen,
was wir ruhen lassen
und was wir aufnehmen sollten.
So kommen wir von neuem zum Leben.

Ein Jahr ist vergangen, ein anderes beginnt.
Wir überschauen, was aus uns geworden ist –
bis auf diesen Tag:
Wir sind bewahrt worden, von Unglück verschont;
manchmal waren wir glücklich;
es hat schwere Stunden gegeben.

Laßt uns nicht vergessen, was hinter uns liegt.
Laßt uns nicht im Vergangenen hängenbleiben.
Dann werden wir, was heute auf uns zukommt, ergreifen
und uns vor morgen nicht fürchten müssen.
Wir haben keine Zeit zu verlieren,
das wollen wir bedenken.

Gott, du bist uns Zuflucht gewesen
von Generation zu Generation.
Ehe Berge wurden, Erde und Weltall hervorkamen –
von Weltzeit zu Weltzeit bist du, Gott.
Du läßt den Menschen wieder Staub werden,
sprichst: Kehrt zum Staub zurück, Adamskinder!
Denn tausend Jahre sind vor dir wie ein »Gestern«,
wie ein paar Stunden in der Nacht.
Du säst Menschen aus, Jahr um Jahr;
sie sind wie das Gras, das nachwächst:
Am Morgen wächst es und blüht,
am Abend welkt es und vergeht.
So schwinden wir hin durch deinen Unwillen,
sind verstört, weil du so schroff ablehnst.
Unser Tun – dir gegenüber ist es verkehrt,
was wir verbergen – deine Wahrheit bringt es ans Licht.
So schwinden uns die Tage hin, weil du dich verweigerst,
so entfliehen uns die Jahre wie ein Seufzen.
Siebzig Jahre haben wir Zeit,
wenn's hoch kommt, sind es achtzig Jahre.
Aber was uns stolz macht,
war doch nur vergebliche Mühe.
Denn schnell geht's vorüber,
und mit der Zeit verfliegen auch wir.
Wer glaubt aber, daß du es bist, der uns fallen läßt?
Wer erschrickt, weil du uns so ablehnst?
Lehre uns, unsere Tage zählen,
damit wir einsichtig werden.
Wende dich uns doch wieder zu, Gott,
auf dich sind wir angewiesen!
Hab doch Erbarmen mit uns!

Erfülle uns beizeiten mit deiner Güte,
und laß auch unseren Kindern dein Licht leuchten.
Erfreut werden wir davon reden unser Leben lang.
Freundlich zugewandt bleibe uns unser Gott.
Er lasse unser Tun gelingen;
ja, gelingen lasse er, worum wir uns mühen!

nach Psalm 90

Glücklich die Menschen,
die geschmückt sind mit Weisheit.

Weisheit gewinnen ist besser als Silber,
Weisheit besitzen ist mehr wert als Gold,
kein Reichtum wiegt sie auf.
Es ist eine Lust, ihre Wege zu gehen,
dem zu folgen, was Weisheit rät:

Treue möge euch prägen
und Liebe euch erfüllen.
Eure Gerechtigkeit komme von Herzen,
und Güte spreche aus eurem Verstand.
An Kindern und Enkeln werden sie sichtbar bleiben,
diese Spuren eures Lebens.

Ich bin ganz zerschlagen.
Mir schmeckt nichts mehr.
Schwer sind meine Glieder,
ich schleppe mich dahin
in fassungsloser Traurigkeit,
stehe daneben wie ein Fremder.

Du hast mich aus der Bahn geworfen,
mich plötzlich fallengelassen:
Ich bin draußen.
Die Tage, die waren, sind wie Schatten.
Ich kann nicht schlafen,
finde keine Ruhe,
hänge meinen Klagen nach.

Gott, laß mich spüren, daß du da bist.
Du hast doch ein Herz für die,
die verlassen sind.
Ich rufe nach dir – höre mich bald!
Daß ich nicht mehr so danebenstehe.

nach Psalm 102

Viele sind um mich herum,
so viele, die anderes im Sinn haben.
Sie fühlen sich erhaben,
reden von oben herab auf mich ein:
Wer glaubt denn heute noch an Gott?
Wo trifft man ihn in unserer Welt?

Für mich sind das dumme Fragen.
Sie lassen sich nicht auf dich ein.
Sie erreichen dich nicht, mein Gott.
Sie prallen ab wie Steine vom Tor.

Wenn wir am Ende sind mit unseren Theorien,
über das Unheil erschrecken,
vielleicht öffnet sich dann die Tür.
Wenn wir behutsam nach Spuren suchen,
vielleicht führen sie uns auf die Höhe,
und staunend sehen wir neues Land.

Sie schüchtern mich nicht mehr ein,
die vielen um mich herum,
die anderes im Sinn haben.
Ich lebe in gutem Vertrauen
und weiß, warum und wofür.
So lege ich mich hin,
schlafe ohne Angst
und erwache in einen neuen Tag.

nach Psalm 3

Weit wie der Himmel ist die Liebe.
Alle Menschen will sie erreichen.
Zuverlässig ist ihre Gerechtigkeit,
sie geht den Fragen nach bis in die Tiefe.
Menschen reicht sie die Hand,
verbindet Menschen und Tiere.
Liebe überzeugt,
Verängstigte flüchten in ihren Schutz.
Von ihrem Reichtum gibt sie ab,
Hungrige werden satt und froh.
Die Quelle des Lebens ist Liebe,
erwärmt sie uns, ist alles gut.

nach Psalm 36

Freut euch über Gott,
er meint es gut.
Er richtet Unterdrückte auf,
läßt ihre Wunden heilen.
Unbegreiflich, wie er wirkt:
Das stolze Aufgebot an Macht –
ihn beeindruckt es nicht;
das Rechnen mit Leistung
findet keinen Anklang bei ihm.
Er wendet sich denen zu,
die auf Güte warten.
Sein Weg bringt Menschen zum Wundern;
sein Wort läßt die Welt nicht in Ruhe.
Freut euch über Gott,
singt fröhliche Lieder.

nach Psalm 147

Er wird es vollbringen, der Knecht Gottes.
Er wird Bedeutung haben und zur Geltung kommen.
So entsetzt sie über ihn waren,
weil er nicht dem üblichen Bild entsprach,
so erstaunlich werden sie ihn finden,
wenn es den Machthabern die Sprache verschlägt,
weil sich das auswirkt, wovon keine Rede sein konnte.

Wer hat denn vermutet, was wir jetzt sehen?
Wer hat schon Gott darin entdeckt?
Er sah nicht so aus, als hätte man von ihm
etwas zu erwarten.
Er machte keinen guten Eindruck, er gefiel uns nicht.
Keiner wollte mit ihm zu tun haben,
abstoßend wirkte er:
ein gebrochener Mann, von Krankheit gezeichnet.
Wir sahen weg, wenn er kam.
Wir rechneten ihn nicht dazu.

Unsere Krankheit ist es, die er erträgt.
Unsere Gebrechen sind es, die ihm zu schaffen machen.
Die Strafe, die ihn traf, ist unser Friede geworden,
die Verletzungen, denen er erlag, sind unsere Heilung.
Denn Gott wendet sich dem zu, der sein Leben gibt.
Er wird Nachfolge finden, Leben, das bleibt.

nach Jes 52,13–15; 53,1+2b–4a+5+10

Wir nehmen uns Zeit,
dem Weg Jesu zum Kreuz nachzugehen.
Wir möchten begreifen,
was uns altbekannt ist
und zugleich fremd vorkommt.
Vielleicht hören wir die Geschichte Jesu
nur als einen Bericht aus vergangener Zeit.
Das wäre schade.
Vielleicht geht uns auf,
daß Jesu Weg ins Leiden die Geschichte ist,
die wir ihm bereiten.
Vielleicht geht uns auf,
wo er heute gekreuzigt wird:
unter uns.

Geist von Gott bewegt alles Natürliche,
Leben weckt er, das Zukunft hat.
Die Alten werden Einsichten haben,
den Jungen deckt sich Wahrheit auf.
Unmündige und kleine Leute
werden frei durch den Geist.
Großes wird geschehen am Himmel
und auf der Erde:
Feuerschein, Rauchwolken, Blut.
Massen von Menschen.
Unerbittlich wird Wahrheit aufgedeckt;
es schwankt und bebt, worauf alle bauten.
Doch im Erschrecken ist Zuflucht verborgen,
mitten in Angst meldet sich Hoffnung.
Im wüsten Land brechen Quellen hervor,
die Dürstenden leben auf wie frisches Grün.
Verkaufte brechen aus aus dem Land der Entfremdung,
und ihre Verkäufer werden die Verkauften sein.
Geist von Gott bewegt die Geschichte,
Leben weckt er, das Zukunft hat.

nach Joel 3+4

Laßt uns träumen, es gäbe das gelobte Land:
Kinder kommen auf die Welt und spielen Frieden.
Sie reißen die Alten mit.
Die gedrückt waren, fangen an zu singen;
die gebückt waren, tanzen dazu und lachen.
Arbeit wird Spaß machen,
denn die Ernte ist gut,
den Tisch für alle zu decken.
Keine Herren mehr und keine Unterdrückten.
Alle werden sich freuen am Leben.
Die Freude wird anstecken,
leuchten wird sie wie Feuer
und die Schatten vertreiben.
Menschen können leben und sterben – ohne Angst.
Friede auf Erden.
Gott, wenn du willst, träumen wir nicht umsonst.

Es gibt Menschen,
die können sich selbst vergessen
und werden deshalb nicht ärmer.
Es gibt Menschen,
die denken nur an sich;
sie finden keine Freunde.

Arm sind die dran,
die sich auf Reichtum verlassen,
für eigenen Besitz sich verbrauchen,
als wäre das alles im Leben.

Gut sind die dran,
die teilen können,
damit alle ihr Recht bekommen.
Gut sind die dran, die wissen,
daß sich das Leben lohnt,
wenn satt werden, die hungrig sind,
wenn Wohnung finden,
die in Löchern hausen,
wenn lachen können,
die nichts zu lachen haben.

nach Sprüche 11

Gott, deinen Namen will ich singen,
dir entspringt mein Leben.

Aus deiner Schöpfung schöpfe ich,
schöpfe meine Kraft.
In deiner Sonne blühe ich,
in deinem Boden wurzle ich,
aus dir ziehn meine Sinne Saft.

Deine Farben färben mich,
deine Schatten schlagen mich,
dein langer Atem schafft mir Luft.

In deine Nacht verkriech ich mich,
ruhe aus und träume.
Dein Morgen weckt mich auf,
spannt meinen Willen an;
dein Wille setzt voraus,
ich setze nach –
und tue, was ich kann.

Dein Abendrot führt mich in Weiten,
ich ahne meine Zeit;
die Dunkelheit führt mir beizeiten
dein Amen vor:
die Unbekannte Ewigkeit.

Gott, deinen Namen will ich singen.
Und dann zu guter Letzt
versteck den meinen
in deinem großen, weiten Kleid.

Gott, du strahlst uns wie die Sonne,
du umgibst uns wie frische Luft.
Die Erde hältst du über den Abgründen,
dein Himmel geht auf über uns allen.
Klares Wasser läßt du quellen
und machst fruchtbar unsere Mutter Erde.
Vom Morgen bis in die Nacht
und von der Nacht bis zum Morgen
leben wir von deiner Güte:
Kinder werden uns geboren
und spielen in Frieden;
sie wachsen heran, blühen auf
und lernen sich lieben.
Wir können an die Arbeit gehen,
das tägliche Brot verdienen;
wir können heimkommen und ausruhen –
unser Tisch ist gedeckt.
So, wie die Fische im Wasser schwimmen
und die Vögel segeln im Wind,
so, wie die Bäume im Erdreich wurzeln
und die Tiere Schutz finden im Unterholz,
so sind und bleiben wir
aufgehoben in dir.

Wir wollen für Gott singen unser Leben lang,
wollen ihn lieben, solange wir sind.

nach Psalm 104

Nicht mehr ertragen kann ich die Vorwürfe.
Sie schlagen über mir zusammen,
wie eine schwere Last drücken sie mich zu Boden.
Den ganzen Tag schleiche ich bedrückt herum,
und meine Freunde gehen mir aus dem Weg.

Wie ein Gehörloser kann ich nichts mehr hören,
wie ein Sprachloser kann ich nichts mehr sagen.
Ich sitze unbeteiligt, wie einer, der taub ist;
mir fällt nichts ein, was ich antworten könnte,
entgegenhalten denen, die mich bedrängen.

Auf einen, der schweigen kann, warte ich,
der sich nicht auch noch gegen mich stellt.
Wer bist du, Gott? Teilst du die Nacht?
Ist einer, der hört, was ich nicht sagen kann?
Ist einer, der spricht, wo ich nichts höre?

nach Psalm 38

Wohl dem, der Zuwendung erfährt,
der gegenüber Vorwürfen frei wird.
Wohl dem Menschen,
dem seine Schwäche nicht zur Last gelegt wird,
der sie nicht zu verheimlichen braucht.

Solange ich mich unterdrücken ließ,
quälte ich mich Tag und Nacht.
Als ich mich offen zu mir selbst bekannte,
wurde ich frei.

So warten wir auf hilfreiche Zeichen,
die uns herauslocken aus den Winkeln unserer Angst.

Das Wort Gottes schafft Vertrauen.
Es bringt in die Mitte alle, die am Rand stehen.

nach Psalm 32

Es heißt, daß du früher die Hilfe warst,
ein Lichtblick und Trost in dunklen Zeiten,
Erlösung für die hoffnungslos Gefangenen.
Es heißt, daß du sie aufgerichtet hättest,
wenn das Gefühl der Schuld sie niederdrückte,
daß du es warst, der sie aufatmen ließ,
und sie nicht alles büßen mußten.

Wir brauchen dich, Gott, das Leben ist hart.
Warum bist du so selten geworden unter uns?
Warum überläßt du uns dem harten Urteil,
den bösen Folgen, die wir heraufbeschwören?
Kannst du uns denn nicht wieder dazu helfen,
daß das Leben uns mehr Freude macht?
Bring doch mehr Freundlichkeit bei uns auf,
und laß das Gute endlich gelingen!

Könnten wir doch sehen, daß etwas in Gang kommt:
Eine neue Begeisterung für ehrlichen Frieden,
damit die Hoffenden nicht ganz irre werden!
Eine Kraft bist du denen, die nach dir fragen.
So zeige dich, damit wir wieder von dir reden können,
damit Güte mit Treue beantwortet wird,
Gerechtigkeit und Friede in Einklang kommen;
damit Verläßlichkeit sich ausbreitet in unserer Welt
und gerechtes Verhalten nicht erzwungen werden muß.

Sei du uns gut, Gott, damit es gut wird bei uns.

nach Psalm 85

Es ist gut, die Einfälle Gottes zu lieben,
von Herzen darüber froh zu sein.
Wir können nur unsere Kleider wechseln,
doch er wandelt Leben in Gerechtigkeit.

Von seiner Wahrheit fühle ich mich beurteilt,
durchschaut bis auf den Grund.
Ich will mich nicht dagegen wehren,
mich dieser Wahrheit nicht verschließen,
damit ich erkenne, wer ich bin,
und begreife, was aus mir werden kann.
So werde ich den Spuren Gottes nachgehen,
die mich hinführen, wo man mich braucht.

Es ist gut, das Wort Gottes zu lieben.

nach Psalm 139

Die Fragen lassen mich nicht in Ruhe.
Wenn ich ins Nachdenken gerate:
Wie ich so lebe,
wie es sein sollte oder könnte . . .
dann werde ich unsicher.
Was ist es,
was ein Leben sinnvoll macht
und menschlich?
Werde ich einmal dahin kommen?

Und denke ich an die Leute, mit denen ich lebe:
an die Meinen, wie man so sagt,
und an die anderen . . .
Warum komme ich mir vor wie ein Fremder?
Warum berührt mich das alles so wenig?
Und dann regt es mich wieder auf?

Worüber kannst du dich denn noch freuen?
Was ist eigentlich dein Gott?

nach Psalm 42

Warum reden wir vom Willen Gottes
und von dem, was er an uns getan hat,
wenn wir uns nicht verantwortlich fühlen
für alle, denen Unrecht geschieht?
Denn es geht nicht um feierliche Stunden,
sondern um das ganze Leben:
daß Glaube sich auswirkt in dem, was wir tun;
und unsere Tage nicht sinnlos vorübergehen.
Darum reden wir von Gottes Wahrheit und Liebe.
Wer Gott loben will,
der wird den Dank in seinem Tun erweisen;
das ist der Weg zu neuem Leben.

nach Psalm 50

Daß es mit mir ein Ende haben muß,
daß mein Leben ein Ziel hat
und ich davon muß.
Die Länge meiner Jahre –
vor dir nur eine kurze Spanne Zeit.
Mein Leben – was ist das vor dir?
Wie ein Nichts sind alle Menschen,
die sich so sicher geben.
Sie gehen dahin wie Traumbilder,
sie machen sich viel vergebliche Unruhe.
Sie sammeln vieles und wissen nicht,
wer es aufheben wird.

Worauf soll ich mich verlassen?
Gott, du bist meine Hoffnung.
Laß mich nicht im Verderben enden.
Laß mein Gebet nicht umsonst sein.
Fremd gehen wir dahin
wie alle unsere Väter.

nach Psalm 39

Uns allen blüht der Tod.
Auch wenn uns unsere Sprüche noch so gut gefallen.
Unser Stolz schmilzt zusammen.
Wir treten ab – jeder in seine Grube.
Keiner ist, der sich Leben zukaufen kann.

Wir drängeln uns nach Posten,
liebäugeln mit Geltung und Macht,
und manchmal meinen wir:
Jetzt sind wir oben.
Klug drehen wir am Leben – dumm gehen wir ab,
wie Durchreisende.

Hört zu, die ihr lebt in dieser Zeit,
einfache Leute und Herrschaften,
alt und jung miteinander.

nach Psalm 49

Die mit Tränen säen,
werden sich freuen,
wenn sie ernten.
Sie gehen und weinen,
säen unter Tränen –
sie kommen wieder,
ernten und sind voll Freude.

nach Psalm 126

Wenn einer Vergebung erfährt;
wenn Vorwürfe nicht mehr verletzen,
dann kann er sich freuen, Mensch zu sein.
Er muß sich nicht mehr verstecken,
Schwächen verheimlicht er nicht.

Solange ich Angst vor euch hatte,
quälte ich mich Tag und Nacht.
Als ich wagte, aus mir herauszugehen,
wurde ich frei.

Hört auf, euch einzuschüchtern.
Habt – um Gottes willen – Vertrauen
und sprecht es aus, wenn Angst alles lähmt.
Dann wird die Güte sich ausbreiten.

nach Psalm 32

Das Leben wird für Gott sprechen;
und Traurige werden aufhorchen.
Als ich ihn suchte, war er mir zu weit;
aber dann verlor sich meine Angst.
Ungeschützt stand ich mit meinem Glauben da;
und ich war nicht verlassen.

Begreift es und seht: Gott ist Güte.
Die es fassen, werden aufwachen.
Sie werden Böses mit Güte überholen,
Frieden machen, bevor es zu spät ist.
Wer es wagt zu glauben,
der entdeckt Freiheit;
und von ihm fällt das Geflecht aus Schuld.

nach Psalm 34

Gott behütet uns und hilft uns;
vor wem sollten wir uns fürchten?
Gott gibt uns Kraft und Mut;
wovor sollten wir Angst haben?
Wenn etwas auf uns zukommt,
drohend und gefährlich,
dann verlieren wir nicht den Mut.
Wenn wir meinen, wir schaffen es nicht,
dann denken wir daran, daß Gott uns hilft.

Gott, sei du immer bei uns,
dann sind wir nicht allein.
Alle werden uns einmal verlassen,
auch Mutter und Vater,
aber bei dir sind wir immer zu Hause.
Zeige uns den Weg, den wir gehen sollen;
laß uns erkennen, was gut ist
für uns und andere,
damit wir alle uns am Leben freuen können.

nach Psalm 27

Wellen der Verzweiflung schlugen über mir zusammen,
kein Boden mehr unter den Füßen.
Mir wurde angst, und ich schrie,
meine Schreie gingen ins Leere.

Auf einmal erlebte ich mich gefaßt;
konnte wieder Luft holen,
war heraus aus dem Sog.

Die mich ausschalten wollten,
kamen nicht zum Zuge.
Kalt haben sie mit meinen Schwächen gerechnet,
unbarmherzig sprangen sie mit mir um.
Sie hatten mich schon und rieben sich die Hände.

Aber sie haben ihr Spiel verloren.
Ich bin ihnen entgangen,
kam frei und fand wieder Lust am Leben.
Die Angst liegt hinter mir –
vor mir sehe ich weites Land.
Gott sei Dank.

nach Psalm 18

Der Güte will ich ein Lied singen:
Wo hält sie sich verborgen?
Im Wettstreit um Größe,
im Kampf der Interessen
tritt sie auf wie ein Kind:
reicht freundlich die Hand,
sagt ja, lächelt und meint dich. –
Geht nicht darüber hinweg!
Habt dieses Vertrauen.
Wagt es doch, gütig zu sein.
Ihr werdet Wunder entdecken,
spüren, was Freude ist.
Aufleuchten wird das Licht Gottes,
wenn wir nicht recht behalten,
wenn wir einander recht geben.

Sagt es leise weiter;
sagt allen, die sich fürchten,
sagt leise zu ihnen:
Fürchtet euch nicht,
habt keine Angst mehr, Gott ist da.
Er kam in unsere Welt: einfach, arm, menschlich.
Sucht ihn, macht euch auf den Weg!
Sucht ihn nicht hinter den Sternen,
nicht in Palästen, nicht hinter Schaufenstern.
Sucht ihn dort, wo ihr arm seid,
wo ihr traurig seid und Angst habt.
Da hat er sich verborgen.
Da werdet ihr ihn finden,
wie einen Lichtschein im dunklen Gestrüpp,
wie eine tröstende Hand,
wie eine Stimme, die leise sagt:
Fürchte dich nicht.

Jesus ist geboren
in Bethlehem und überall.
Den Freund der Menschen seht ihr:
in einem armen Stall.
Das Kind wird euer Bruder sein,
wird euer Leben teilen.
Das Kind wird euer Frieden sein,
wird euch aus Liebe heilen.
Das Kind wird euch begleiten:
ein Freund, der weiß, was trennt,
der alle eure Ängste sieht
und sie beim Namen nennt.
Ein Mann, der Armen helfen wird,
der Armut auf sich nimmt.
Ein Mann, der Reiche stören wird,
der aufdeckt, was nicht stimmt.
Jesus ist geboren
in Bethlehem und überall.
Das Wunder, das uns menschlich macht,
beginnt im armen Stall.

zur Bitte
zum Dank

ADVENT B 1

In der Adventszeit
wachen alte Erwartungen in uns auf:
Ob Weihnachten
diesmal wieder schön werden kann?
Das täte uns gut.
Gut, wenn Jesus seinen Weg
in unsere Verhältnisse findet,
wenn er bei uns ankommt.

REICH GOTTES C 1

Als man Jesus
nach dem Reich Gottes fragte,
wie es bei den Menschen ankomme,
hat er gesagt:
Das Reich Gottes ist mitten unter euch. –
Wir müssen nicht
auf die großen Überraschungen warten,
wir können wahrnehmen,
was mitten unter uns geschieht.

ADVENT B 2

Adventszeit –
Erinnerungen und Erwartungen –
neue Möglichkeiten, miteinander zu leben –
und wie schnell
geben wir Hoffnungen wieder auf.
Advent erinnert uns daran,
daß Gott dazukommen will,
wenn wir es miteinander versuchen.

KOMMEN GOTTES C 2

Als Jesus einmal
nach dem Kommen Gottes gefragt wurde,
hat er geantwortet:
Er kommt nicht so,
daß man ihm zuschauen kann;
er kommt so,
daß er mitten unter uns ist,
wenn wir zusammen sind.
Vielleicht entdecken wir heute
ein Stück davon.

ALLTAG B 3

Ein Tag ist wie der andere.
Unruhe und Sorge begleiten uns –
wie unsere eigenen Schatten.
Aber wir möchten die Hoffnung nicht aufgeben,
daß sich doch noch etwas ereignet,
das uns aufblühen
und wieder zu uns kommen läßt,
uns zu dem bringt,
der hilft.

ERMUTIGUNG C 3

Wir ließen den Kopf hängen
und wurden getröstet.
Wir sahen vor uns hin
und nehmen plötzlich das Leben wahr.
Was wir für abgestorben hielten,
hat Gott zum Blühen gebracht.

ALTES LIED B 4

Manchmal lernen wir ein neues Lied.
Aber meistens singen wir das alte Lied:
Wenn wir uns erzählen, wie es geht,
wenn wir über die anderen reden,
wenn wir verschiedener Meinung sind,
wenn man etwas von uns will.
Dann geht es immer nach der alten Melodie.

NEUES LIED C 4

Manchmal lernen wir ein neues Lied.
Die Melodie nimmt uns mit.
Du merkst:
So kann es auch gehen.
Wir gehen dann anders miteinander um.
Und das tut gut.

AUSWEGLOSIGKEIT B 5

Wenn wir doch Vertrauen mitbrächten
in das tägliche Leben –
und es auch anderen vermitteln könnten.
Wieviel Furchtsamkeit versperrt uns die Wege,
wieviel Ausweglosigkeit bestimmt unser Denken.
Wir möchten, daß niemand preisgegeben wird
oder erledigt auf der Strecke bleibt.

VERTRAUEN IM LEBEN C 5

Wie gut, wenn einer die Hand reicht:
dem nachgeht,
der sich in den Augen anderer unmöglich gemacht hat;
dem eine Richtung zeigt,
der sich in seinem eigenen Leben verlaufen hat.
Wie gut,
wenn Gott so mit uns das Leben teilt.

BELASTUNGEN ERTRAGEN B 6

Jeder hat seine Last zu tragen.
Zusammen tragen wir an dem Kreuz,
das uns ähnlich macht:
Verpflichtungen halten uns in Atem,
Aufgaben überfordern uns,
Eigenarten machen uns zu schaffen,
und Befürchtungen nehmen uns den Mut.
Wir möchten davonlaufen
und kommen doch nicht los.

ERFAHRUNGEN C 6

Wir haben es erfahren,
daß Gott sich zu uns stellt,
uns zeigt, wer wir sind:
Ein Mensch nimmt uns ernst,
zögernd weicht die Verzagtheit.
Ungebrochen erreicht uns das Leben
im Wort des anderen.

BELASTUNGEN ERTRAGEN — B 7

Dieser Tag kann ein Tag der Dankbarkeit sein –,
und doch bringen wir unsere Belastungen mit.
Die Vorwürfe, die wir von anderen hinnehmen müssen;
das Unrecht, das wir anderen angetan haben.
Aus unserer Armseligkeit sehnen wir uns heraus,
möchten dankbar singen:
»Bis hierher hat uns Gott gebracht.«

DANKENSWERTES — C 7

Schutz und Schirm vor allem Argen,
Stärke und Hilfe zu allem Guten,
daß wir bewahrt bleiben in unserem Leben:
Wenn einer sein Wort für uns einlegt,
wo wir es nicht erwarten konnten;
uns den Rücken stärkt,
wo wir schon aufgegeben hatten;
uns das Liebenswerte zutraut
und unser Leben dankenswert macht.

EMPÖRUNG B 8

Wir empören uns über so vieles,
was die Gemeinschaft unter den Menschen,
was den guten Stil
und unsere Umwelt verdirbt.
Wir möchten uns heraushalten
aus dem Unheil
und sehen uns doch darin verflochten.
Unsere Empörung über andere wird lauter,
je mehr sie auf uns selbst zutrifft.
Wir ertappen uns dabei und sind verwirrt.
Wir möchten heraus aus dem Teufelskreis.

ANFÄNGE NEUEN LEBENS C 8

Gott bahnt in der Stille neue Wege an
mit Menschen, die Einsicht haben,
die selbst die ersten Schritte wagen,
bevor sie darüber groß reden,
die andere hineinziehen in das mutige Beispiel,
das den Weg Jesu fortsetzt.

ENTTÄUSCHUNGEN B 9

Wir fühlen uns oft sehr allein gelassen
in Erlebnissen, die tief gehen.
Es ist so wenig,
was uns aufrichten und ermutigen könnte.
Die Vielfalt guter Chancen,
Liebe, die uns entlastet,
alles, was die Zuwendung Gottes meint,
wird wieder und wieder in Frage gestellt
durch die vielen verweigerten Begegnungen.
Das geht dem Glauben ans Leben.

SPUREN GOTTES C 9

Du hast mir die Hand gereicht.
Unsere Träume haben Farbe bekommen.
Wir konnten Wege ausfindig machen,
in denen Spuren Gottes sind.

FREIHEIT B 10

Frei möchten wir sein
wie die Vögel im Wind,
frei von Ängsten und Zwängen,
von allem, was uns zu Boden drückt,
was unsere Freude lähmt
und die guten Einfälle unserer Liebe erstickt.

BEFREIUNG C 10

Von Jesus geht eine befreiende Kraft aus.
Wir suchen sie für uns selbst
und im Zusammenleben mit anderen
und freuen uns,
wenn wir sie finden.
Dann fühlen wir uns frei
wie die Vögel im Wind.

FRIEDEN SUCHEN — B 11

Mit dem Kommen Jesu ist uns Friede zugesagt.
Friede, der konkret wird,
wenn wir einander gelten lassen
und uns mit Menschen freuen,
die ganz anders sind als wir.
Wir alle wissen,
wie nötig es ist,
damit anzufangen.
Daß wir den Mut dazu haben,
das wünschen wir uns.

FRIEDEN BRINGEN — C 11

Freuen können sich alle,
die den Frieden Gottes in die Welt bringen.
Wir können davon ausgehen,
daß wir damit gemeint sind.
Wir, die wir hier sitzen,
fragend oder sorgenvoll,
vielleicht auch rechthaberisch
oder verbittert.
Frieden in die Welt bringen . . .
erstaunlich, was uns zugetraut wird.
So kennen wir uns vielleicht selbst noch nicht.
Freuen wir uns,
auch wenn wir es nicht ganz begreifen.

HEILLOSE WELT B 12

Daß sich Gott über uns erbarmte,
über uns und unsere heillose Welt!
Daß sein Licht aufginge unter uns
und wir darüber froh würden!
Das ist jetzt unser Wunsch.

FÜRCHTE DICH NICHT C 12

Unsichtbar kommt der Engel zu uns,
wie ein Hauch, wie ein guter Gedanke,
wie eine tröstende Hand.
Still spricht er zu uns
sein »Fürchte dich nicht!«.

HERRSCHENDE VERHÄLTNISSE B 13

Wenn es uns gut geht,
soll alles so bleiben, wie es ist.
Dann verstehen wir die nicht,
die unter den herrschenden Verhältnissen leiden,
die gedrückt werden von der Ordnung,
die uns nützt.
Jesus ging es nicht gut,
weil er sich zu denen wandte,
die heillos bleiben in dem,
worin andere das Heil sehen.

REICH GOTTES C 13

Reiche helfen den Armen zu ihrem Recht.
Starke verstehen die Ängste der Kleinen.
Erfolgreiche überdenken die Chancen der Schwachen.
Glückliche empfinden die Last der Gescheiterten.
Freie bahnen für Gefangene den Ausweg.
Glaubende lassen sich auf Fragen der Zweifler ein.
So beginnt unter uns die Zeit Gottes.

HIMMELFAHRT B 14

Auffahrt Christi in den Himmel –
das alte Bild hält uns fest,
und wir versäumen es,
ein neues Bild zu finden
für die Bewegung Jesu,
die Menschen zusammenbringt.
Es ist schade,
daß aus dieser Himmelfahrt
ein Vatertag geworden ist.

BEWEGUNG C 14

So wie Jesus mit seinem
»Friede sei mit euch«
auf Menschen zuging
und seine Zeit in Bewegung brachte,
so können wir unsere Zeit
in Bewegung bringen,
wenn wir auf Menschen zugehen,
sagen und wahrmachen:
Friede sei mit euch.

KARFREITAG B 15

Die Geschichte der Kreuzigung Jesu ist bekannt.
Wird sie uns noch aufregen?
Vielleicht ist sie zu oft gemalt,
zu oft besungen worden –
zu schön vor allem.
Leiden ist grausam
und namenlos.
Wenn wir begreifen könnten,
wie Jesus hingerichtet wird –
täglich –
namenlos.

VERSÖHNUNG C 15

Hier und da erhebt einer die Stimme
für die, denen der Prozeß gemacht wird –
für unschuldige und schuldige Opfer.
Gedanken der Versöhnung werden laut.
Schritte zum Frieden werden gegangen.
Dafür muß man danken.

LEID B 16

Die dunklen Seiten unseres Menschseins,
Schatten, die unverhofft einfallen,
machen uns angst:
Wir wollen nicht unglücklich sein.
Wir möchten am Leid nicht zerbrechen.

KREUZ C 16

Wenn wir dem Leid nicht ausweichen,
das uns bei anderen begegnet,
wenn wir annehmen, was uns selber trifft,
dann werden wir das Leben anders sehen:
vielleicht tiefer, vielleicht verständnisvoll.
Jesus hat dem Leid einen Sinn gegeben.
Wir brauchen unser Kreuz nicht nur zu beklagen,
wir können es tragen lernen.

NIEDERGESCHLAGEN B 17

Wenig ist geblieben,
was uns noch ergreift.
Unsere Zuversicht ist zermürbt,
unsere Fröhlichkeit oft so hilflos.
Zuneigung stirbt,
Vertrauen wird umgebracht.
Wie viele Hoffnungen tragen wir zu Grabe.

AUFGERICHTET C 17

Wir waren am Boden –
und einer richtet uns auf.
Unsere Augen waren blicklos –
und einer nimmt uns wahr.
Wir waren ohne Mut –
und einer gab uns eine Chance.
Der nächste Schritt war uns schwer –
Gott ging mit uns.

OSTERN B 18

Die alten Ostergeschichten –
wir können sie ehrfürchtig bewahren
und pflegen wie schöne Gräber.
Aber es könnte auch sein,
daß aus ihnen neues Leben hervorbricht,
das uns mitreißt und begeistert.
Für uns wäre dann Ostern.

ANFÄNGE NEUEN LEBENS C 18

Daß Versöhnung geschehen kann,
daß Liebe viel vermag –
dieser Glaube ist mit dem Tod Jesu
nicht im Grab geblieben.
Wir können erleben,
was seine Kraft unter uns in Gang bringt.
Wir können miteinander Ostern feiern.

PASSION B 19

Jesus Christus ist gestorben.
Wo stirbt er täglich unter uns:
In großen Urteilen, die wir riskieren?
In unseren feinen, kleinen Bemerkungen?
In vorsichtigem Rückzug
auf die sicheren Standorte?
In hastiger Flucht nach vorn?
Die Frage kommt auf jeden zu:
Wer bin ich
in diesem bösen Spiel?

KREUZ C 19

Wir werden Jesus Christus nicht loswerden,
mit keiner Gewalt und keiner Frömmigkeit.
Sein Kreuz steht als starkes Zeichen dafür:
Auch deine Heuchelei nehme ich auf mich,
als deine Krankheit werde ich sie ertragen
bis zum Tod.
Davon leben wir.

PASSIONSZEIT B 20

Passionszeit –
wir denken an das Leiden und Sterben Jesu.
Vergangenheit? –
Wieviel von seinem Geist
kommt unter uns zu Wort?
Wieviel wird totgeschwiegen?
Wieviel von seiner Art zu leben
wird unter uns verwirklicht?
Wieviel wird abgewiesen?
Es wäre gut, darüber nachzudenken,
wie Jesus heute unter uns
stirbt und lebt.

LEBEN ALS GESCHENK C 20

Es gibt Menschen,
die uns ein Stück ihres Lebens schenken.
Uns erreichen Zeichen der Liebe.
Ob das Spuren Jesu sind?
Es ist gut,
wenn wir darauf achten.

PESSIMISMUS B 21

Wenn Niedergeschlagenheit unser Gemüt verdunkelt,
nehmen wir kaum noch wahr,
daß sich etwas anders entwickelt,
als wir es befürchtet haben.
Nimmt eine Sache einen schlechten Anfang,
rechnen wir nicht mehr mit einem guten Ende.
Wir neigen dazu, schwarz zu sehen.
Wir möchten erlöst werden.

GUTE ERFAHRUNGEN C 21

»Da haben wir noch mal Glück gehabt.« –
»Es ist besser gegangen, als wir dachten.« –
So reden wir.
Und so auch:
»Der Junge hat sich wirklich prächtig gemacht.« –
»Daß es heute noch soviel Hilfsbereitschaft gibt,
darüber kann man sich nur freuen.« –
»Nach zähen Verhandlungen zeichnet sich eine Lösung ab,
die Frieden zu versprechen scheint.« –
Auch solche Sätze kommen in unserem Leben vor.
Wir hören sie, wir sprechen sie aus.
Gott sei Dank.

PFINGSTEN B 22

Es wird viel geredet,
und wir hören uns viel an.
Wir finden Worte,
und wir verlieren Worte –
füreinander und gegeneinander.
Aufhorchen möchten wir,
ihn spüren den neuen Geist,
der uns anweht von Gott.

SPRACHE DER LIEBE C 22

Die große Begeisterung,
die alle mitreißt –
selten genug war da der Geist Jesu,
selten genug blieb es ein Pfingsten Gottes.
Aber manchmal verstehen wir andere,
finden für Liebe eine Sprache
und bleiben dabei ehrlich.
Wir gehen aufeinander zu
und wundern uns.

POLITISCHE ENTSCHEIDUNG B 23

Es ändert sich so vieles in unserer Zeit.
Reformen, Verbesserungen, Fortschritt –
ob diese Worte halten, was sie versprechen?
Bedenken melden sich
gegen Altes – gegen Neues.
Welcher Seite sollen wir unsere Stimme geben?
Wir müssen uns ständig entscheiden
und sind so unsicher und ratlos.

FREIHEIT C 23

Ein Rentner muß nicht immer für das Alte stimmen,
ein junger Mensch nicht alles, was neu ist, bejahen.
Der Chef kann für Mitbestimmung sein
und ein Gewerkschafter vor Lohnerhöhung warnen.
Ein Schüler kann den Lehrer in Schutz nehmen
und der Mann der Kirche einen Kommunisten.
Ein Befürworter gibt zu, daß er sich geirrt hat,
und ein Gegner wird später zum Freund.
So entwickelt sich Freiheit,
zu der Christus uns ruft.

REICH – ARM B 24

Das Gefühl für die nackte Armut
ist uns verloren gegangen.
Davon wollen wir nichts mehr wissen.
Wir sind voll damit beschäftigt,
daß es uns besser geht –
jahraus, jahrein.
Wenn wir so weitermachen,
wird sich unser Reichtum
in Armut verkehren.

ARM – REICH C 24

Jesus nennt die Armen selig.
Vielleicht,
weil sie nichts zu verschwenden haben.
Vielleicht,
weil sie dankbar sind für jedes Stück Brot.
Vielleicht,
weil sie sich als Geschöpfe verstehen können.
Vielleicht,
weil sie uns Reiche zu ihren Partnern machen.
Vielleicht
werden wir es von ihnen lernen können,
uns wieder von Herzen zu freuen.

REINES HERZ B 25

Alles, was wir tun, hinterläßt Spuren.
Niemand kann sagen,
er sei anderen nichts schuldig geblieben.
Was in gutem Glauben angefahren wird,
endet oft in Entstellung.
Könnten wir uns doch ein reines Herz bewahren.

BRÜCKE DES VERTRAUENS C 25

Es ist wie ein Traum:
Wenn einer im Namen Gottes auf uns zukommt –
in gutem Glauben,
unsere Arglosigkeit stillschweigend voraussetzt
und Beteuerungen überflüssig macht.
Dann geht uns der Himmel auf.

SAAT B 26

Wir denken an Ernte,
sehen, was aus der Saat geworden ist.
Vieles ist in unser Leben eingesät.
Kennen wir die Saat Gottes:
unsere Möglichkeit, Frieden zu geben?
Unsere Fähigkeit, zu verstehen
und anderen zu helfen?
Gott erwartet die Ernte von uns,
die andere mit einbringt.

ERNTE C 26

Unter uns ist Saat aufgegangen.
Wir freuen uns an der Ernte,
die uns Jesus zeigt:
Einfälle gab es,
die andere glücklich machen.
Es gab Mut,
der andere in Schutz nimmt.
Es gelang uns,
anderen gerecht zu werden.
Wir freuen uns an der Ernte.

SCHLECHTES GEWISSEN B 27

Wir lassen uns zu Sachen hinreißen,
die wir eigentlich nicht dürften.
Dann verfolgt uns das schlechte Gewissen.
Wir werden unsicher vor anderen,
verheddern uns
und sind ständig damit beschäftigt,
daß nichts herauskommt.
Und heimlich schämen wir uns vor den Menschen,
die wir hintergangen haben.

VERGEBUNG C 27

Du sagst, was du angerichtet hast –
willst dem anderen wieder unbefangen begegnen.
Der hat es längst gespürt,
daß etwas nicht stimmt.
So kann es geschehen,
daß der andere mit dir zusammen erleichtert ist.
Manchmal wird uns vergeben,
und wir können dann wieder lachen.

SCHÖPFUNG ZERSTÖREN B 28

Wir versuchen zu rechtfertigen,
daß unseren Zielen vieles zum Opfer fällt.
»Wo gehobelt wird, fallen Späne.« –
Sagen wir.
Und riskieren
die Zerstörung unserer Erde,
die Ausbeutung ihrer Quellen,
die Ausrottung ihrer schwächeren Kinder.
Wir riskieren das Blut Abels,
das Blut Christi.

SCHÖPFUNG BEWAHREN C 28

Die den Schaden zuerst bemerkten,
die drohenden Gefahren kühn berechneten,
dem Glauben an den Fortschritt mutig entgegentraten,
sich den Verdächtigungen der Mächtigen aussetzten –
die fallen dem bösen Spiel zum Opfer.
Wir kennen kaum ihre Namen.
Wir sollten ihnen dankbar sein
und ihre Gebote befolgen.
Dann wird Gottes gute Schöpfung,
die Mutter Erde,
uns Menschen noch lange tragen.

STRESS B 29

Wenn ich daran denke,
was noch alles zu tun ist,
dann werde ich ganz klein.
Ich bin bedrückt:
Woher soll ich die Kräfte nehmen,
das alles ehrlich durchzustehen?
Auf wen kann ich mich dabei verlassen?
Wer wird mir helfen?

KRAFT ZUM LEBEN C 29

Du kannst an deine Arbeit gehen
und dabei erleben,
wie die Berge kleiner werden
und du selbst Kraft gewinnst.
Du kannst erleben,
daß Freunde mit dir
Hand in Hand arbeiten.
So kommen wir weiter,
als wir gehofft haben.

TOTENSONNTAG B 30

Solange wir können,
klammern wir das Sterben aus unserem Leben aus.
Es paßt nicht zu unseren Zielen. –
Und dann stirbt einer von uns.
Hilflos stehen wir daneben,
weinen
und machen in Gedanken ungeschehen,
was geschehen ist. –
Wir verdrängen den Tod,
darum fällt es uns so schwer zu leben.

HOFFNUNG C 30

Ihr sollt wissen:
Trauer kann Geduld mit sich bringen.
Geduld kann Bewährung mit sich bringen.
Bewährung kann Hoffnung mit sich bringen.
Und die Hoffnung läßt uns nicht fallen;
denn wir wissen,
daß wir trotz allem geliebt sind.

TOTENSONNTAG B 31

Unser Leben ist bedroht:
von Unfall und Krankheit,
von Katastrophen und Krieg,
von Gebrechen – vom Tod.
Wir sehen Menschen sterben,
an denen wir hängen,
deren Leben uns Sinn
und Geborgenheit gibt.
Traurig stehen wir da
und fühlen uns allein.

LEBEN MITEINANDER C 31

Es sind Menschen da,
die machen sich Sorgen um uns,
sind vertraut mit uns,
geben uns von ihren Kräften ab.
Menschen leben mit uns,
die lassen uns spüren:
Du brauchst dich nicht fürchten,
ich bin bei dir.

TRADITION B 32

Wir lieben und wiederholen
die alten Worte und Lieder des Glaubens,
die unser Leben begleiten,
mit denen sich unsere Erfahrung
von Trost und Hoffnung verbindet.
Wir beklagen,
daß unseren Kindern und Enkeln
die alten Glaubensworte leer bleiben,
daß Tradition abbricht, vergessen wird.
Das macht uns Sorgen.

LEBEN UND GLAUBEN C 32

Wo fromme Worte nicht nur wiederholt werden,
sondern den Lebensvollzug prägen –,
wo Glaube unser Lachen und Weinen färbt,
wo alte Hoffnungsbilder
sich mit erlebter Güte und Befreiung füllen,
da nisten sich auch heute
die überlieferten Geschichten ein,
werden auch heute Menschen
auf die Fährte Gottes gesetzt.

TRADITION B 33

Wir kennen Geschichten und Worte der Bibel,
singen die Lieder des Glaubens,
beten mit den alten Worten unserer Kirche.
Wir finden darin Trost für unser persönliches Leben.
Aber so selten beeinflußt das
unsere Entscheidungen:
wenn wir Pläne machen,
wenn wir Urteile fällen,
wenn es um Abwägen und Durchsetzen
von Interessen geht –
auch in der Kirche.

WAHRHEIT C 33

Wir berufen uns auf Worte der Bibel,
geben die bekannten Sprüche weiter
und verfolgen damit doch nur unsere eigenen Ziele.
Aber manchmal bringt einer Gedanken ins Gespräch,
die aufhorchen lassen.
Und erst später geht uns auf,
daß sich ihm die Wahrheit der Bibel erschlossen hat.

ÜBERDRUSS B 34

Ewig die gleiche Leier:
Arbeit, die sich täglich wiederholt,
Sorgen, die man in- und auswendig kennt,
Figuren und Sprüche,
die nichts Neues bringen –
das macht kaputt und mürbe,
so daß uns jede Lust vergeht.

FREUDE C 34

Selten kommen Tage der Freude,
aber sie kommen;
und verwandeln uns
und unseren traurigen Lebensstil.
Dann freuen wir uns,
daß wir auf der Welt sind;
eins mit uns selbst betrachten wir,
was uns gelungen ist.
Menschen, die wir lange kennen,
überraschen mit ihren Geschichten.
Es ist so spannend, am Leben zu sein!

UMWELT B 35

Wir alle leben immer noch
von der Ausbeutung der Mutter Erde.
Wir sind für den Schutz der Umwelt,
aber wir denken wenig daran,
unseren eigenen Verbrauch einzuschränken.
Bedenkenlos stören wir Erde und Himmel,
weil uns schon ein paar Mücken oder Läuse,
ein paar Unkräuter im Garten ärgern.

ERNTEDANK C 35

Noch ist der Himmel blau
über Nebel und Wolken.
Noch sprudelt frisches Wasser
aus stillen Waldtälern,
schießt schwarzes Öl
aus Wüsten und Meeren.
Noch blüht und reift der Wein,
noch wächst und schmeckt uns das Brot.

UNZUFRIEDENHEIT B 36

Wir haben mehr, als wir zum Leben brauchen.
Darum wird uns das Danken schwer.
Immer finden wir etwas:
Das müßte noch besser sein.
Vielleicht sind wir deshalb so unzufrieden.

ERNTEDANK C 36

Es gibt Zeit,
da begreifen wir unser Leben als geschenkt;
dann ist es ein Wunder,
daß die Sonne für uns scheint,
daß der Regen die Straßen wäscht
und die Luft nach Herbstfeuern riecht.
Dann geht uns auf,
woher wir kommen und wohin wir gehen.
Und wir sind dankbar
in unserer Seele.

VERANTWORTUNG B 37

Verantwortung übernehmen und tragen –
das ehrt uns, hebt über andere hinaus;
es fällt schwer, macht uns einsam und hart.
Verantwortung ablehnen, sie anderen überlassen –
dann sind wir bei den Zuschauern, bleiben unmündig;
dann geht das Leben vorbei,
dann geht es über uns weg.
Wir möchten den Weg Jesu finden.

WEGE FINDEN C 37

Einer sieht einen Weg,
und andere kommen weiter.
Einer findet die Worte
und bringt andere zum Sprechen.
Einer hat zuerst den Mut,
und andere werden frei.
Einer gibt seine Fehler zu,
und andere helfen ihm weiter.

VERGLEICHEN MIT ANDEREN B 38

»Die anderen schaffen das. Warum du nicht?«
Wir kennen diese Vorhaltungen. –
Wir versuchen, uns zu entlasten:
»Die anderen sind auch nicht besser.«
Daß dieses Vergleichen nicht weiterhilft,
uns selbst nicht und anderen nicht,
das merken wir.
Unseren eigenen Weg möchten wir finden.

NEUE WEGE C 38

Gott traut dir Ungewöhnliches zu.
Wenn wir das spüren,
brauchen wir uns nicht mit anderen zu vergleichen;
dann hören wir auf,
von anderen zu verlangen,
was uns selbst zugetraut ist.

VERZETTELN B 39

Ansprüche von allen Seiten.
Es drängt sich vieles auf.
Die Zeit kommt dir vor wie ein großes Durcheinander.
Du arbeitest dich durch
und hast den Überblick längst verloren. –
Wir möchten klarer sehen,
das Wichtige vom Unwichtigen unterscheiden,
möchten uns nicht verlieren in Nebensachen.

DURCHBLICKEN C 39

Es finden sich Freunde,
die uns von Ansprüchen entlasten
und zur Besinnung bringen.
Plötzlich sortiert sich vieles
wie von selbst.
Unsere Zeit kommt in Ordnung.
Die Kräfte versammeln sich
auf die Arbeit, die notwendig ist.
Und das Vielerlei, das uns gequält hat,
kommt aus dem Weg.

WORTE B 40

Woher sollen wir wissen,
wer hinter den vielen Worten steht,
die werben, Meinung machen, Nachrichten bringen?
Unser Leben wird mit Worten gelenkt:
Sie wecken Vertrauen,
sie wecken Angst.
Worte decken Wahrheit auf,
Worte decken Wahrheit zu.
Wieviel Erwartungen werden geweckt,
die keiner einlöst.

GLAUBWÜRDIG C 40

Worte können überzeugen,
und Überzeugendes führt weiter.
Worte können verbinden,
und Verbindendes bringt zusammen.
Worte können klären,
und Klärendes macht frei.
Worte können uns Sprache verleihen,
die glaubwürdig ist.

WÜNSCHE B 41

Wir haben uns festgelegt
und sehen nur diese eine Möglichkeit.
Wir hängen daran mit unserer Sehnsucht,
und sie erfüllt sich nicht.
Es mag Auswege geben,
aber wir können nichts damit anfangen.
Andere Wünsche lassen wir nicht hochkommen,
andere Erwartungen verbieten wir uns.
So stehen wir unserem Frieden selbst im Wege.

ERFÜLLUNG C 41

Wir erleben Hilfe –
anders, als man das für möglich gehalten hat.
Menschen kommen auf uns zu
und legen uns nicht fest,
achten unsere Zerrissenheit
und gehen ein Stück mit uns weiter,
folgen dem Beispiel Jesu
und umgeben uns mit Frieden.

NACH ZUKUNFT FRAGEN B 42

Nach Zukunft fragen wir –
für uns selbst
und unser Leben miteinander.
Die Zukunft ist verhängt.
Sie wird über uns kommen.
Wir beschwören Zukunft herauf
mit allem, was wir tun und lassen.
Wir fürchten
für unser Leben morgen.

ZUKUNFT SCHENKEN C 42

Manchmal gelingt es uns,
unser Leben neu zu sagen und zu geben,
frei zu bleiben in Bedrohung,
Einsichten zu ertragen,
sich anderen Möglichkeiten
nicht zu verschließen,
Hilfe anzunehmen und Hilfe zu geben.
Dann geht es uns gut.

Gebete

ABENDMAHL D 1

So wie aus kleinen Körnern
ein großer Laib Brot wird
und aus vielen Trauben
ein reifer Wein,
Hunger und Durst zu stillen:
so verwandle alle unsere Mühen
in gute Gaben,
du Gott des Lebens.

ABSTAND GEWINNEN D 2

Gott, laß uns Abstand gewinnen
von allem, was wir blindlings verfolgen:
daß wir deine Gebote lieben
und die Ungebundenheit anderer vertragen;
daß wir unsere Fehler einsehen
und Uneinsichtige nicht verachten.
Keiner kann sich selbst erlösen.
Hilf du uns, Gott,
daß wir uns neu finden
in dir.

ADVENT D 3

Komm du uns nahe, Gott.
Komm mit deiner Gerechtigkeit,
die Verschlossenes öffnet,
die wohltut und heilt.
Helle unsere Gesichter auf,
von innen her,
daß wir aus uns herausgehen können
und einander gerecht werden
wie Jesus uns.

AUFSTEHEN D 4

Gott, der uns leuchten kann
wie die aufgehende Sonne;
lebendige Strahlen der Hoffnung –
wenn sie doch in unsere grauen Tage fielen,
damit uns der Mut zum Leben packt –
und die Freude.
Daß wir aufstehen
für dich.

AUSWEGE D 5

Du bist befreundet mit allen,
die krank geworden sind
an unserer Welt.
Überrasche uns, Gott:
Was uns angst macht,
wendet sich zum Guten;
was wir schwarz sehen,
nimmt Farbe an.
Überrasche uns damit, Gott,
daß wir Auswege beschreiten
und erleben:
Sie führen weiter.

BEFREIUNG D 6

Gott, du Befreier,
führe uns heraus aus der Enge,
in der wir gefangen sitzen.
Erlöse uns von den Vorschriften,
auf die wir uns festlegen und berufen,
daß wir wieder rauskommen
und uns am Leben freuen.

BEWEGUNG D 7

Gott, du bist uns voraus
und läßt dich nicht binden,
Gefährte der Wandernden,
lock uns,
und wir werden uns trauen,
über das hinauszugehen,
was wir festgelegt haben.
Neuland werden wir entdecken
und andere Horizonte.

BEWEGUNG D 8

Kräftig bewegst du,
lebendiger Gott,
die Geschichte der Menschen und Völker
aus Erstarrung zum Aufbruch.
Führe auch uns hinaus
über den Streit um leere Worte,
hinaus über das Verurteilen anderer;
mit dem sich unser Glaube erschöpft.
Laß unser Leben bewegt werden
vom Geist des Evangeliums,
von dem langen Atem der Liebe Jesu,
der auch durch unsere Tage weht.

BRÜCKE DES VERTRAUENS D 9

Manchmal
ist uns so zumute,
daß wir sagen:
Mein Gott,
ich gehe verloren. –
Laß uns nicht fallen.
Spanne die Brücke für uns
von dem Vertrauen,
das uns trug,
zu der Liebe,
die uns tragen wird.

EBENBILD D 10

Zu uns selbst möchten wir kommen,
möchten das Bild klarer sehen,
das dir, Gott, vorschwebt
von uns.
Laß deine Wahrheit
herankommen an uns
und alles durchdringen,
was uns den Blick verstellt
für die Bedeutung,
die du uns mit Jesus gibst.

EINKLANG D 11

Gott, bring uns doch in Einklang
mit den Worten, die wir sagen,
mit den Worten unseres Glaubens:
Laß Frieden aus uns sprechen,
wenn wir dem Frieden das Wort reden;
laß uns Liebe ausstrahlen,
wenn wir sie anderen empfehlen.
Bewahre uns vor den glattzüngigen Worten,
die nicht abgedeckt sind mit unserem Leben.
Verwandle unsere Steine in dein Brot.

ENTSCHEIDUNGEN D 12

Guter Geist,
hilf uns spüren,
wann die Entscheidungen reifen
und wann sie fallen,
damit wir unsere Zeit nicht versäumen.
Laß uns im richtigen Augenblick
eintreten für das,
was dem Leben dient.

EPIPHANIAS D 13

Leuchte uns entgegen
mit deinem Licht,
Gott der Klarheit.
Befreie uns
von der düsteren Sicht.
Belebe unsere Welt
mit deinen Farben.

ERMUTIGUNG D 14

Froh möchten wir sein
und unser Leben mit Sinn erfüllt sehen.
Gott, suche uns auf,
wo wir nicht weiterwissen,
decke auf, was wir zudecken.
Sage uns die Zeit an,
so daß wir unsere Zeit
als Gelegenheit verstehen:
zu glauben, zu hoffen und zu lieben.

ERNTEDANK D 15

Gott,
großzügig wie kein anderer:
Zeige uns die Weiten
in unserem Leben,
und wir werden sehen,
wie schön es ist,
dankbar zu leben.

FREIHEIT UND BINDUNG D 16

Gott, deine Freiheit wünschen wir uns,
wie Jesus sie gelebt hat.
Frei wie Vögel möchten wir sein,
aber nicht vogelfrei wie er;
auf eigenen Füßen möchten wir gehen,
aber Bindungen nicht mutwillig zerstören.
Laß uns nicht fallen, guter Gott,
binde uns an dich,
damit wir unbefangen
miteinander leben können.

FREMDER MENSCH D 17

Gott, größer als unser Herz,
wir sind so festgelegt auf das,
was wir erfahren haben und vertreten.
Locke uns hinaus
an unsere Hecken und Zäune.
Laß uns den anderen Menschen entdecken
mit seinen Einfällen und Zielen –
den oft so fremden Jesus,
der verstehend hereinkommt
zu uns.

FREUNDSCHAFT GOTTES D 18

Nahe wie ein guter Freund
bist du uns, Gott,
teilst unser Leben,
bleibst dabei.
Wenn du zurückhaltend bist
gegenüber unseren Klagen,
dann laß uns spüren,
daß du es gut meinst
mit uns.
Und wir trauen uns,
nach Leben zu suchen
und dich
neu zu entdecken,
guter Freund.

GLAUBEN D 19

Gott, laß uns deiner Liebe glauben –
wenn wir enttäuscht sind,
wenn wir verloren haben
und traurig sind.
Laß unsere Klage Verständnis finden,
die Hand spüren, die uns tröstet.
Gott, laß uns deiner Liebe glauben,
sie verwandelt unsere Welt.

HIMMELFAHRT D 20

Gott, nimm uns auf
in deinen neuen Himmel.
Entrücke uns aus unsrer Gestrigkeit
hin zu deinem Morgen,
der in der Liebe Jesu
über allen anbricht.

HOFFNUNG D 21

Gott,
dein Zeichen der Hoffnung für Noah:
ein schöner Regenbogen im Himmel.
An ihm möchten wir
unsere Hoffnung messen
und die Spannkraft gewinnen,
die weiter trägt
als kurze Erfüllungen.

JAHRESWECHSEL D 22

Ziehe uns ins Gespräch, Gott,
auch wenn wir ausweichen.
Ziehe uns ins Gespräch mit dir,
damit wir erfahren,
was bestehen wird
im Wechsel der Bilder und Tage,
in unserem Kommen und Gehen.
Heraushören möchten wir den,
der kommt:
Jesus.

JUBILÄUM D 23

Wir überschauen,
was aus uns geworden ist
bis auf diesen Tag:
Du hast uns bewahrt, Gott,
auf Irrwegen, im Unglück.
Durch Erfahrungen sind wir gewachsen,
in Schmerz und Heilung. –
Glückliche Tage hast du gegeben,
Sonnenschein, in dem wir reifen konnten.
Laß uns die Ernte genießen
und sie mit anderen teilen.

JUBILÄUM D 24

Gott, bleibe uns freundlich zugewandt:
Laß uns bewahren, was gut war,
und neu ergreifen, was weiterbringt.
Laß unser Leben in dir verwurzelt bleiben,
damit wir guten Grund haben
zum Leben und Danken.

KARFREITAG D 25

Armer Gott, gekreuzigt
unter uns,
laß uns an deinem Sterben begreifen,
was uns zum Leben bringen kann.
Daß wir ein Segen werden
für unsere Zeit.

LEBEN MITEINANDER D 26

Gott, laß uns entdecken,
wo du dich verbirgst:
hinter den Vorwänden
unseres harten
oder unseres ängstlichen Redens.
Laß uns die Frage heraushören,
die Sehnsucht aufspüren
nach einem, der liebhat
und Vertrauen versteht,
nach einem Menschen wie Jesus,
verborgen in uns.

LETZTE SONNTAGE D 27

Es tut so weh zu leben,
wenn uns die Schatten treffen.
Umhülle uns, Vater,
mit deinem weiten Mantel.
Sprich mit uns, ganz nahe.
Laß uns Vertrauen behalten
in diesen dunklen Tagen.

LIEBE D 28

Freund der Vergessenen,
gütiger Gott,
rühre uns an,
wecke die Liebe auf in uns:
dann werden unsere Augen staunen,
dann werden unsere Hände sich regen.
Wir gehen hin
und finden andere,
die unsere Begabungen brauchen.

LIEBE ERLEBEN D 29

Gott,
du Schöpfer der Freude,
die Jesus hervorrief:
Laß uns erleben
ein Meisterstück deiner Liebe
mitten unter uns.
Daß wir uns
wieder freuen können
in unserem Gemüt,
in unserem Tun.

MENSCHENWORT – GOTTES WORT D 30

Es ist wunderschön,
wenn einer zu uns spricht
und wir merken:
Du sprichst zu uns, Gott.
Laß uns achten auf Worte,
gib uns ein Ohr für Zwischentöne.
Laß uns heraushören,
wie andere nach dir fragen,
und spüren,
wie du zu uns kommst.

MITEINANDER LEBEN D 31

Gott, wo dein Licht aufgeht,
finden wir uns ein.
Versammelt in deinem Namen
bitten wir um die Wärme,
die uns von Jesus her umfängt.
Laß uns nahe zusammenrücken.

NACHFOLGE D 32

Gott,
uns oft so fern,
sieh uns an.
Wir haben Angst davor,
dem Unrecht entgegenzutreten,
den Weg der Versöhnung zu gehen.
Du hast ihn freigemacht:
Auf dem Weg Jesu ans Kreuz
hast du die Angst durchbrochen.
Sieh uns an mit den Augen Jesu,
daß wir ihm nachgehen können
und frei werden zur Liebe.

NEUES LIED D 33

Gott,
vernehmbar wie der singende Wind,
bring uns das Lied der Befreiten bei,
und wir werden frei sein
in allem,
was uns aufgegeben ist:
unser Leben –
ein Gesang für dich.

NEUES LIED D 34

Gott, deiner Melodie
vertrauen wir uns an.
Laß deine gütige Stimme
in unserem Leben wiederklingen.
So können wir
eingestimmt auf deinen Grundton
deine Weise singen
und unsere Welt
zum Klingen bringen.

ORIENTIERUNG D 35

Wir möchten bei Jesus bleiben.
So vieles kommt auf uns zu:
Menschen reden auf uns ein,
kommen,
gehen –
über uns hinweg.
Wir verlieren uns
in der Flut der Worte und Bilder.
Gott, was wird aus uns?
Wir möchten bei Jesus bleiben,
angesteckt von seinem Geist
Wege suchen und Wege finden
zu deiner neuen Welt.

OSTERN D 36

Begleite uns,
Gott, wie ein Freund,
heraus aus verschlossenen Räumen,
daß wir ins Freie kommen,
neue Aussicht entdecken
und die Angst hinter uns lassen.

PASSION D 37

Wenn es uns schwerfällt,
bei der Wahrheit zu bleiben –
wenn es näher liegt,
zu verleugnen und zu verraten –
wenn über Güte und Treue
nur noch müde gelächelt wird –
dann winke uns, Jesus,
mit deiner gekreuzigten Liebe,
daß wir den Weg finden,
der ins Leben führt.

PFINGSTEN D 38

Begeistere uns für dich,
guter Gott.
Begeistere uns für deine Liebe.
Gib uns Vertrauen
und Rückgrat
in der weitherzigen Art Jesu.
Dann werden wir
in allen Verführungen
frei bleiben und bestehen
in dir.

PFINGSTEN D 39

Du Gott
über alle Grenzen hinweg:
Verwandle alles Reden,
das uns trennt,
in eine Sprache,
die Brücken baut.
Laß uns ankommen
in gegenseitigem Verstehen.

SELBSTFINDUNG D 40

Wir suchen dich, Gott,
suchen dein menschliches Gesicht.
Wende es uns zu
wie einen Spiegel.
Laß uns darin erkennen,
wer wir sind
und wer wir sein können.
Gestalte mit uns, Schöpfer,
dein gutes Bild.

SELBSTFINDUNG D 41

Wir haben viele Gesichter.
Gott, bring uns zu uns selbst,
daß wir nicht mehr verletzen.
Wir spielen Fangen
und Suchen miteinander.
Gott, laß die gütigen Züge
in uns wachsen,
daß Jesus unter uns gewinnt.

TOD UND LEBEN D 42

Gott, zeige uns das Leben
in den vielen Gestalten,
mit denen der Tod uns überrascht.
Erlöse uns durch unsere Tränen
aus unserer Verfangenheit,
daß wir uns zart einfühlen
in die Weinenden
und ihre Frage vernehmen
nach uns und nach dir.

TOTENSONNTAG D 43

Halte uns ganz fest, guter Gott,
das Sterben erschreckt uns.
Nimm uns in deine Arme.
Dann bleiben uns die kostbaren Stunden,
die vielen Tage unseres Lebens,
alle Zeit,
die du uns schenkst.

ÜBERBLICK D 44

Gott, du bist heil.
Wenn wir uns
kaputtmachen im täglichen Betrieb
und jeden Überblick verlieren,
laß uns Abstand gewinnen
und die Zusammenhänge erkennen,
auf die es ankommt. –
Heile uns.

VERSÖHNT LEBEN D 45

Es wird gesagt, Gott,
daß du behutsam umgehst
mit den Fehlern anderer.
Es wird von dir gesagt,
daß du ein Herz hast für die Schwäche,
die sich dir offenbart.
Mache uns nachdenklich,
wenn eine leise Bitte uns erreicht.
Gib uns das Zartgefühl,
die Bitte aufzunehmen,
sie zu begleiten
und mit ihr zu hoffen
auf ein versöhntes Leben.

WEIHNACHTEN D 46

Gott, zur Welt gekommen. –
Daß wir uns doch wunderten
über dich, hier bei uns –
und nicht auf Wunder warten,
die in den Sternen stehen.
Geh uns auf, Gott!

WEIHNACHTEN D 47

Gott, menschlich geworden in Jesus,
damit auch wir menschlich werden:
Gib dich zu erkennen –
in Gedanken, die weiterhelfen,
in Worten, die befreien,
in Taten, die verbinden.
Laß dich finden.

WUNDER D 48

Gott, wir fassen dich nicht:
Vielleicht geschehen Wunder –
und wir begreifen sie nicht.
Vielleicht wird uns geholfen –
und wir spüren es nicht.
Vielleicht bist du der Freund –
und wir sehen dich nicht.
Bleibe uns zugewandt.

ZUR RUHE GOTTES KOMMEN D 49

Gott tief in der Stille
laß uns zur Ruhe kommen:
warten –
hinhören –
einfach zulassen,
daß du näherkommst –
bis wir
weit hinter unserem Wollen
deine Ruhe
in uns erleben.

ZUTRAUEN D 50

Gott, du fragst nach uns,
deine Liebe weckt unser Zutrauen;
davon leben wir.
Gib deine Hoffnung in alles,
was wir überlegen und planen
und laß unseren Mut
dir entgegen wachsen.

Wir möchten die Richtung wiederfinden.
Verwirrt sind wir
und wissen nicht mehr,
was wir glauben sollen.
Gott, laß uns deine Richtung finden.
Schenk uns das Vertrauen wieder,
ein ruhiges Vertrauen,
das der Liebe die Wege bahnt.

zum Ausgang

Wir haben miteinander
Brot gegessen und Wein getrunken –
im Gedenken an Jesus,
den wir brauchen,
wie das tägliche Brot.
Du bist unser Licht.
Du bist unser Friede.
Du bist unsere Hoffnung,
die Auferstehung des Menschen.
Du bist gekommen in unser Leben.
Daran wollen wir denken,
wenn wir uns freuen
und wenn uns zum Weinen ist.

Im Namen Jesu sind wir frei und erlöst.
Das wird uns helfen,
wenn uns Vorwürfe quälen;
wenn wir dabei sind,
Vorwürfe zu machen.

Im Namen Jesu sind wir beschützt.
Das wird uns helfen,
wenn wir allein sind;
wenn wir Angst haben,
wenn wir sterben müssen.

Im Namen Jesu sind wir geliebt.
Das wird uns helfen,
wenn wir kein Zutrauen mehr haben,
wenn wir am Ende sind.

Im Vertrauen auf dich können wir leben,
werden wir gelöst und frei – und beten:
für unsere Freunde und unsere Familien;
für die, mit denen wir gerne zusammen sind,
und die, die uns das Leben schwer machen. –
Wir beten für alle,
die darunter leiden,
daß sie gehemmt oder unbeholfen,
krank oder unansehnlich sind.
Wir beten für die Traurigen
und die Trauernden. –
Wir möchten ihnen begegnen wie Jesus:
sie verstehen, in Schutz nehmen,
ihnen Mut machen.
Gott, dein Geist ist in uns:
Das Licht der Welt.
Wir danken dir.

Gott, du bist im Kommen.
Wir warten,
wir brauchen dich;
geh nicht an uns vorbei,
sei unser Gast
und laß zum Segen geraten,
was wir uns bescheren
mit diesen Tagen –
in dieser Zeit:
Daß unsere Sehnsucht erfüllt wird,
daß unsere Mühe sich lohne
und die Vorbereitungen glücken,
daß unsere Geschenke Freude wecken.

Gott, wenn du kommst,
wird das Fest schön,
und alle finden Grund,
sich miteinander zu freuen –
verwandelt von deiner Zuneigung
zu uns überreizten Menschen,
die wir dir
die Zeit stehlen.

Suche uns auf, Gott,
beschenke uns
mit deiner Geburt.

Laßt uns miteinander beten
für alle,
die alt geworden sind:
Gott, gib ihnen zu erleben,
was sie glauben,
damit sie sich freuen können
und in Frieden leben
und sterben.

Behüte die Menschen,
die schwer allein zurecht kommen,
weil sie ihre Gefährten verloren haben.

Behüte die Menschen,
denen Krankheit
den Mut zum Leben abkauft,
damit sie nicht ganz verzweifeln.
Gib, daß sie liebevolle Pflege finden.

Behüte die Menschen,
die Abschied nehmen müssen
und ihr Hab und Gut festhalten möchten
wie ihr Leben.
Gib, daß Menschen kommen
und ihnen nahebringen,
wie man schenken kann.

Behüte die Menschen,
die in ihre Vergangenheit zurückgehen,
daß sie darin Trost finden können
und an der Gegenwart

nicht irre werden müssen.
Gib, daß ihnen Kinder und Freunde
ruhig zuhören
und an ihren Erfahrungen lernen.

Und behüte uns,
die wir hier beten
für die Eltern und Großeltern,
daß wir selbst
in deinem Frieden alt werden.

Gott, du Gefährte der Angeschlagenen,
laß uns zu den Menschen gehen,
die uns brauchen;
laß uns herausfinden,
wie sie uns brauchen;
laß uns Zeit,
ihnen gerecht zu werden –
ruhige Ausdauer im Helfen.

Denk an die,
die keiner anzusprechen wagt,
und an die,
die nichts mehr sagen.
Denk an die,
die auf jeder Hochzeit tanzen,
und an die,
die sich fremd und vergessen fühlen.
Denk an die,
die immer Bescheid wissen,
und an die,
die nicht loskommen von ihren Problemen.
Denk an die,
die jede Taube als Friedensboten feiern,
und an die,
die nur noch Falken und Krieg fürchten.

Hilf uns, guter Gott,
die Eigenart jedes Menschen
zu erkennen und zu achten
als Prägung vieler Tage und Jahre –
damit wir zusammen kommen und weiter kommen.

Gott im Verborgenen –
wir stehen oft ratlos da,
wissen – wenn man uns fragt –
keine Antwort.
Angewiesen sind wir
auf deine Wahrheit,
die uns leben läßt
auf dem Weg Jesu.

Laß uns erleben,
wie einer den anderen braucht:
wenn eigene Armut
dem anderen zum Segen wird;
wenn seine Hilflosigkeit
mir hilft;
wenn eingestandene Angst
anderen die Angst nimmt;
wenn deren Freiheit weiter reicht
und unsere Freiheit daran wächst;
wenn wir aneinander
deine Spuren entdecken
und uns darüber freuen.

So beten wir für Menschen,
bei denen alles glatt geht;
für Menschen,
die an Lasten tragen,
die ihnen zu schwer sind;
für Menschen,
die Rollen spielen
oder spielen müssen,

in denen sie unmenschlich werden,
weil sie damit nicht zurechtkommen.

So beten wir für uns selbst:
Laß uns einander beistehen
in dem Vertrauen,
daß du aus unseren Schwächen
tragende Kräfte gewinnen kannst.

Gott, mit deiner befreienden Kraft
beflügele uns wie deine Engel.

Laß uns Menschen finden,
mit denen wir Vertrauen erleben können,
befreiende Menschen,
denen wir nichts vormachen müssen,
die unsere Unsicherheit aufheben
ins Leichte,
die unsere Entwicklungen begleiten
und sich einfach über uns freuen.

Gib uns die Freiheit,
uns aus Verhältnissen zu lösen,
in denen wir nur bewundert
oder bestimmt werden,
von Menschen,
die uns festlegen auf das,
was wir ihnen sein sollen.

Laß uns befreiend für andere sein
wie Engel:
daß wir den Menschen in ihm sehen
verborgen hinter sich selbst:
hinter seinem Auftreten,
seiner Leistung;
daß wir Schwächere nicht einschüchtern
mit dem, was wir besser können;
daß wir Konkurrenzverhältnisse
durchsichtig machen;
daß wir Menschen herauslocken,

die in Feindschaft verstrickt,
auf Erfolg oder Mißerfolg festgelegt sind.

Gott, mit deiner befreienden Kraft
beflügele uns wie deine Engel.

Wir haben es schwer,
die Zusammenhänge unserer modernen Welt
zu durchschauen.
Aber wir leben in ihr,
sind alle beteiligt
an dem, was geschieht.
Wir können uns nicht heraushalten
und nur auf die eigenen Interessen
beschränken.

Gott, laß uns erkennen,
was notwendig ist,
und Mut aufbringen
für die Liebe auf weite Sicht.
Befreie uns von dem bedrückenden Gefühl,
daß wir ja doch nichts ändern können,
daß wir klein und unbedeutend sind
im großen Spiel der Kräfte.
Setz uns den Glauben
in den Kopf und ins Herz,
der Brücken baut
zwischen denen, die immer reicher
und denen, die immer ärmer werden.
Beflügele unsere Fantasie,
damit wir entdecken,
wie und wo überall
wir brüderlich teilen können.
Und wenn wir unsere Dankbarkeit
dafür, daß es uns gut geht,
nur mit schönen Worten und Liedern abstatten,
dann störe unsere Ruhe.

Laß uns nicht müde werden,
dabei zu helfen,
daß gerechter Friede sich ausbreitet
rund um die Erde.

Manchmal gelingt es
mit der Liebe und dem Frieden –
obwohl der Streit nicht endet,
Gegensätze sich nicht überbrücken lassen,
Fronten sich verhärten,
der Haß weiterfrißt
und der Tod bitter bleibt.

Manchmal gelingt es –
wenn auch die Liebe
meist nicht weit genug mitgeht,
hilfreicher Einsatz zur Routine erstarrt,
Brüderlichkeit nur ein Wort bleibt
und das Christliche
Spannungen nur übertüncht.

Komm, heiliger Geist,
öffne uns, dringe ein,
erleuchte uns,
daß sich uns der Grund der Freude auftut,
daß wir der Liebe Raum schaffen,
Möglichkeiten des Friedens aufspüren.
Laß uns dankbar sein,
damit wir dem Leben gerecht werden.

Denn es gibt freundliche Tage,
an denen das Leuchten
aus der Tiefe hervorbricht:
Manchmal erwacht das Staunen
über frisches Wasser,
das doch täglich fließt;

über das verläßliche Brummen des Motors;
die Durchsichtigkeit einer Glasscheibe,
die Maserung eines Holzes
oder die Kreisbahn eines Satelliten.
Manchmal schauen wir dem ins Gesicht,
über den wir sonst hinwegsehen;
manchmal stellen sich Worte ein,
die über Peinliches hinweghelfen,
erwärmt sich ein kühler Blick
zum Lächeln.

Zuweilen erreicht uns
das Singen der Vögel,
gelingt das Zuhören,
wird fremdes Sprechen verständlich,
trifft Aufrichtigkeit auf Vertrauen,
wird Liebe glaubhaft.
Manchmal wird der ständige Lärm des Tages
zur vielfältigen Stimme des Lebens;
das lästige Gerede zur Bitte,
die uns angeht;
das dauernde Widersprechen,
über das man sich ärgert,
zur Kritik, die auch recht hat.

Komm, heiliger Geist,
halte uns in Bewegung –
daß unser Danken nicht endet,
wenn wir in Tiefen fallen,
wenn es schwer wird,
wenn keine Aussicht mehr besteht;
daß unser Glaube nicht aufhört,
wenn gute Hoffnungen enttäuscht werden,
wenn das Mißtrauen überhand nimmt,

wenn Unverständnis
und das Gewicht schlechter Erfahrungen
sich dem Mut entgegenstellen.

Laß uns der Liebe
keine Grenzen setzen.
Gib uns Frieden.

Wir sind aufeinander angewiesen.
Wir brauchen Menschen,
die uns lieb haben.
Alleingelassen
geht es uns schlecht.
Guter Gott,
das gib uns zu verstehen,
wenn wir jetzt beten:
für unsere Familien,
für unsere Verwandten und Freunde,
für alle,
die in unserem Haus
ein- und ausgehen.

Laß uns in Liebe miteinander umgehen:
so, daß sich keiner fürchten muß,
daß keiner sich einsam fühlt,
sie alle gerne zu Hause sind.

Laß uns in Wahrheit miteinander umgehen:
so, daß keiner verletzt wird,
daß nichts hinter dem Rücken geschieht,
jeder seine Meinung sagen kann.

Laß uns gelassen miteinander umgehen:
so, daß sich keiner überfordert fühlt,
daß wir nicht ungenießbar werden,
auch in der kleinsten Hütte
Platz für alle ist.

Ach Gott,
wie oft sind wir weit entfernt
von dem, was wir erbitten;
quälen uns den lieben langen Tag;
reiben uns auf in Kleinigkeiten,
sehen keinen Sinn mehr.
Vergib uns unseren Alltag.
Und wenn wir am Ende sind
mit unserer Kunst,
dann schenk uns
einen Sonntag
miteinander.

Wir bedenken die Zeit unseres Lebens,
die vielen Tage und Jahre,
Zeiten des Spielens und Lernens,
des Arbeitens und Ausruhens;
Tage voll drückender Entscheidungen,
voll Freude über Erreichtes, Gelungenes;
Stunden glücklichen Beisammenseins,
Stunden voll Unsicherheit und Angst,
Unheil und Schuld:
Zeit erfahrenen Segens,
heilender Liebe.

Gott wenden wir uns zu,
der unsere Zeit setzt,
erfüllt und bemißt.
Wir beten:
Gott, dir vertrauen wir uns an.

Wir denken an die Weite
und Vielfalt der Welt,
in der wir miteinander leben:
an die Orte,
in denen wir zu Hause waren;
die Räume, die wir bewohnen;
an die Straßen und Wege,
die wir reisten und gingen –
staunend über Neues und Fremdes,
erschrocken über Zerstörtes,
voll Unruhe und Angst,
voll Erwartung und Hoffnung.

Gott wenden wir uns zu,
der uns den Lebensraum bemißt,
uns Heimat gibt in seinem weiten Haus.
Wir beten:
    Gott, dir vertrauen wir uns an.

Wir denken an die vielen Menschen,
die uns auf unserem Weg begleiten,
Angehörige und Freunde,
Mitarbeiter und flüchtige Bekannte,
Kinder, Junge und Alte;
Menschen, die uns fordern,
und andere,
die still auf uns warten,
wohlwollende und kritische,
vertraute und fast vergessene Gesichter:
Die lange Reihe
der Lebenden und der Toten,
deren Anblick uns wohltut und ermutigt,
oder deren Augen uns fragend,
vielleicht vorwurfsvoll
ansehen.

Gott wenden wir uns zu,
der unser Miteinander
setzt und bemißt,
der uns befreit
aus Schuld und Angst,
uns zueinander führt,
wo wir am Ende sind.
Wir beten:
    Gott, dir vertrauen wir uns an.

Wir beten für . . .
möchten, daß dieser Tag gelingt,
uns Dank, Geborgenheit und Freude
erleben läßt;
möchten, daß . . .
weiter getrost seinen Weg gehen kann –
des Segens gewiß
und anderen ein Segen,
in aller Schwachheit und Armut
reich gemacht durch Christus
und seinem Heil vertrauend.
Wir denken im Gebet
an die Familie,
an . . .,
an alle,
die heute gekommen oder fern sind,
daß ihnen allen
das Licht Gottes leuchte.

Gott wenden wir uns zu
mit unserem Dank
und unseren Wünschen,
unseren Sorgen und Bitten,
ihm,
der uns zueinander führt
und uns voneinander befreit
und in beidem segnen will.
Füreinander und miteinander
beten wir:
　　Gott, dir vertrauen wir uns an.

Wir brauchen deine Freiheit,
damit wir den Weg zu den anderen finden
und uns nicht voreinander verstecken;
damit wir uns in die Augen blicken
und nicht übereinander hinwegsehen;
damit wir miteinander reden
und uns nicht nur um uns selbst drehen.

Führe uns aus der Enge,
damit wir sagen können, wer wir sind
und die Zweifel unseres Lebens
nicht verbergen;
damit wir uns selbst annehmen
und unsere Offenheit anderen den Mut gibt,
zu sich selbst zu kommen.

Unsere Freiheit bringst du an den Tag, Gott,
wir brauchen sie,
damit wir für die eintreten,
die nicht für sich selber sprechen können;
damit wir denen Vertrauen entgegenbringen,
die unter Einschüchterung leiden;
damit wir uns mit denen verbünden,
die es schwer haben.

Wir danken dir für die Freiheit,
die uns zusammenführt –
du bringst sie an den Tag.

Um deine Kraft zum Frieden
bitten wir, guter Gott:
Wir erkennen dankbar,
daß es unter uns Menschen gibt –
einflußreiche und unbekannte –,
die Spannungen überbrücken,
die nicht aufhören zu verhandeln,
die überall den Frieden suchen.

Um deine Kraft zum Frieden
bitten wir, guter Gott:
um den Mut, allen entgegenzutreten,
die an gewaltsame Lösungen denken,
die mit Gedanken an Krieg ihr Spiel treiben,
die durch spannende Schilderungen
den Krieg verharmlosen.

Um deine Kraft zum Frieden
bitten wir, guter Gott:
möchten noch mehr darauf achten,
wo wir – persönlich und als Deutsche –
uns zu breit machen,
wo Unsicherheit in der eigenen Überzeugung
uns dazu verleitet,
in Andersdenkenden Feinde zu sehen.

Um deine Kraft zum Frieden
bitten wir, guter Gott:
daß wir die schrecklichen Folgen der Kriege
nicht vergessen oder verschweigen;
daß wir eintreten

für Versehrte und Verstörte,
für die Opfer trennender Grenzen,
für die Minderheiten und Flüchtlinge –
daß wir sie verstehen
und unter uns aufnehmen.

Um deine Kraft zum Frieden
bitten wir, guter Gott.

Gott der Freiheit,
wir haben deine Gebote
auswendig gelernt.
Und wir haben sie umgangen.
Wir kennen deine Gebote nur von ferne;
es geht uns nicht gut.

Gib uns zu verstehen,
daß wir für unsere Gedanken und Taten
Maßstäbe brauchen
und laß uns die nötige Zeit,
uns selbst zu prüfen,
damit wir nicht schnell fertig werden.

Laß uns die Freiheit,
über die Buchstaben hinaus
zu denken und zu handeln,
wenn es um Wahrheit
und um Menschen geht.
Laß uns beizeiten
die Frage erwägen
in unserem Kopf wie im Herzen:
Wie begegnen wir uns hinterher,
wie sieht es dann mit uns aus?

Und wenn wir entscheiden
und handeln,
trau uns die Ehrlichkeit zu,
für die Folgen einzustehen –
und wenn wir geirrt haben,
Vergebung zu suchen.

Wie ein Mensch zu uns Menschen –
so stellst du dich zu uns,
Gott.
Und wir fragen, wohin das führt.
Über sich selbst – meinen wir –
müßte man hinauskommen.
Und du
hast unser armes Menschsein angenommen.

Laß uns einig sein mit dir,
wenn wir einander geben,
was wir sind – uns selbst:
unsere Armut,
die du gesegnet hast;
unsere Hilflosigkeit,
die nach dir sucht;
unsere Angst,
die zu dir flieht;
unsere Freiheit,
die sich auf dich beruft;
unsere Freude,
die deiner Spur folgt.

Mach uns frei von dem Wahn,
wir könnten mehr sein
und mehr geben als dies.
Mach uns frei von dem Unglauben,
das sei zu wenig.

Laß uns erfahren,
wie der Mensch den Menschen braucht.

Segne unserer Hände Werk:
Wir können viel mit unseren Händen;
sie sind stark und geschickt.
Wenn wir mit ihnen spielen,
arbeiten, schreiben und zufassen,
laß uns daran denken:
Wir werden glücklich,
wenn wir sie gebrauchen,
um Freude zu wecken.
Wir werden Freunde finden,
wenn unsere Hände
den Händen zu Hilfe kommen,
die ungeschickter sind,
schwächer oder auch müde.

Wir beten für alle,
die unzufrieden sind und schüchtern,
weil keiner die Arbeit ihrer Hände
beachtet und lobt.
Wir beten für die Menschen,
deren Hände Unrecht tun,
weil sie in ihrem Leben
Enttäuschungen und Gemeinheiten
erlebt haben.

Wir beten für die Menschen,
auch hier unter uns,
die täglich zu hören bekommen:
Du hast zwei linke Hände.
Laß sie erkennen,
wozu sie geschickt sind,

damit ihnen Spott
und Traurigkeit erspart bleiben.

Wir beten für die Menschen,
deren Hände alt geworden sind,
verarbeitet und schwerfällig.
Segne unserer Hände Werk.
Und wenn wir sie nicht mehr rühren können,
dann laß sie uns getrost zusammenlegen
und ausruhen in Frieden.

Gott, du setzt Hoffnung in uns,
lädst ein,
in deinem Reich zu leben:
Unsere Sehnsucht begegne deiner Freiheit;
unsere Hoffnung entdecke deine Liebe.
Erlöse uns aus unserem gebrochenen Leben,
mit dem wir uns abfinden
in Unrecht und Verlogenheit.
Führe uns über unsere Enttäuschungen hinaus,
in denen wir uns verstecken vor allem,
was wir eigentlich mit verantworten müßten.
Laß uns Vertrauen finden
und Vertrauen schenken –
und uns zur Liebe entschließen.
Gib uns das Vermögen,
mit unseren Worten andere aufzurichten
und Hilfe zu leisten mit dem,
was wir ins Werk setzen.
Laß uns barmherzig sein
in unseren Urteilen über andere
und ehrlich umgehen
mit unseren eigenen Schwächen.
Gott, deiner Einladung
möchten wir glauben,
auf dein Reich hin leben.

Unruhig ist unser Leben.
Wir treiben durch Tage und Jahre,
werden getrieben, treiben ab,
suchen Wege,
die nicht im Dunkeln enden.
Vieles bietet sich an,
nimmt unsere Zeit in Anspruch.
Was wird sich als sinnvoll erweisen,
was wird sich bewähren?
Auf Jesus sind wir angewiesen,
auf die Kraft seiner Liebe.

Wir danken für jede Erfahrung,
die uns in diesem Jahr
auf seinem Weg weitergeführt hat.
Wir danken für jedes gute Wort
und jedes gelungene Beisammensein.
Wir bekennen versäumte Gelegenheiten,
leere Tage, verfehlte Wege.
Wir hoffen,
beten und vertrauen,
daß wir der Spur Jesu
wieder begegnen
in unserem Leben,
in der Gemeinde –
und dieser Spur folgen
im kommenden Jahr
und allezeit.

Wir freuen uns,
daß wir diesen Tag erleben
und feiern können.
Wir danken für die Liebe,
die uns verbindet;
den Frieden, der uns umgibt;
die Hoffnung,
mit der wir dem Morgen entgegengehen.
Wir danken für unsere Gesundheit,
unsere Arbeit, für Essen und Trinken;
für die Freunde,
auf die wir uns verlassen;
für den einen,
der sein Leben mit meinem Leben teilt.
Bleibe bei uns,
Gott, mit deiner Güte.

Laß Frieden walten unter uns.
Entlaste uns von heimlichem Groll.
Gib uns die Gnade und die Kraft,
geduldig zu ertragen,
was wir nicht ändern können.
Gib uns,
die wir selbst böse werden können,
die Großzügigkeit,
den Ärger anderer
aufzufangen und zu verbergen.
Laß uns,
die wir oft gedankenlos sind,
Gedankenlosigkeiten anderer
richtig einschätzen.

Gib uns Mut und Lebensfreude
und nähre den Frieden
in unseren Herzen.
Erhalte uns unsere Freunde.
Segne,
wenn es dir gefällt,
unsere Absichten und unser Tun.
Gib uns die Gnade und die Kraft,
tapfer zu bleiben in Enttäuschungen,
gemäßigt in unserem Zorn,
gefaßt, wenn Unglück uns trifft,
stark in Heimsuchungen,
treu und in Liebe
zu den Menschen mit uns –
bis wir sterben.

Deiner bedürftig
wie der Ton der Hand des Töpfers,
die Windmühle des Windes,
das Kind der Liebe seiner Eltern,
beten wir bei allem,
was auf uns zukommt:
Bleibe uns freundlich zugewandt,
du, unser Gott.

Gott, laß uns deinen Tod verstehen.
Wir glauben, längst verstanden zu haben,
wissen immer schon, wie es gemeint war
und woran es liegt.
Unser Urteil ist fertig,
wir können Schuldige aufzählen.
Aber der Tod Jesu
macht unsere Sicherheit fragwürdig.

Wir meinen, uns auszukennen im Leben,
und machen uns doch etwas vor.
Wir halten uns an unsere Erfolge
und verschweigen den Preis,
den andere dafür zahlen müssen.
Gott, laß uns deinen Tod verstehen.

Wir haben uns daran gewöhnt,
daß um des Friedens willen
Kriege geführt werden,
daß es den Begünstigten besser geht
als den Erfolglosen,
daß es hungernde Völker gibt.
Wir finden uns damit ab,
daß Alte einsam sind
und Kinder ohne Vorbild bleiben,
daß unser Leben ärmer wird,
weil wir keine Zeit füreinander haben.
Jesus hat sich dafür hergegeben,
daß es anders wird:
daß Liebe den Feind erreicht

und Recht den Vergessenen.
Gott, laß uns deinen Tod verstehen.

Wir trauen der Verständigung nichts zu,
wenn Interessen und Systeme sich bekämpfen,
wenn Völker und Gruppen gegeneinanderstehen.
Wir bezweifeln, daß Einsicht etwas ausrichtet
gegen Böswilligkeit und Gewalt.
Wir fürchten uns in einer Welt,
die Vernichtung einplant,
Städte auslöscht, Kinder umbringt
und mutige Fürsprecher der Freiheit und des Friedens
zum Schweigen bringt.
Wir haben Angst. –
Gott, laß uns deinen Tod verstehen.

Verstehen möchten wir, Gott,
wie der Tod Jesu
in unser Leben hineinragt –
der Tod des Menschen,
der sich dafür hergegeben hat,
daß Liebe auch den Gegner umfängt
und Recht die Vergessenen.
Tritt uns in den Weg,
wenn wir uns damit abfinden,
daß es den Begünstigten besser geht
als denen,
die unter der Vergeblichkeit leiden.
Wenn Unverstand und Vorurteile
den Ton angeben,
laß uns nicht gleichgültig dabeistehen.
Wenn Menschen verführt und benutzt werden,
laß uns Einspruch erheben
und eintreten für eine andere Welt,
die der Verständigung mehr zutraut
als der Gewalt,
dem Frieden mehr als dem Krieg,
der Vernunft mehr als dem Haß.
Verstehen möchten wir, Gott,
wie das Leben Jesu
in unseren Tod hineinragt.

Gott, du kannst uns erlösen:
von unseren Vorwürfen,
von Anklagen und Schuldsprüchen,
unseren fertigen Urteilen,
die den Tod in sich haben.
Dein Sterben
bringt unser Pochen auf Recht
zum Schweigen.
Dein Tod hätte uns genügen sollen.
Gott, erbarm dich,
damit wir
anfangen zu verstehen
und einander entlasten;
damit wir entschuldigen können
und mit den Augen der Liebe
erkennen
die Bitte des Gekreuzigten
in jeder Kreatur.

Gott,
du lebst auf unter uns,
wenn unsere Gemeinde lebt –
wenn wir uns miteinander freuen,
miteinander traurig sind.

So sind wir dankbar
für das Kind . . .,
das wir getauft haben;
für seine Eltern und Paten,
die ihm helfen,
in unserer Mitte aufzuwachsen.
Segne uns miteinander.

Wir denken an unsere Konfirmanden
und beten darum,
daß sie sich unter uns wohlfühlen
und entfalten können,
sich nicht fürchten
oder langweilen müssen.
Behüte uns miteinander.

Wir wünschen dem Paar . . .,
die sich die Ehe versprochen haben,
daß ihnen ihr Leben glückt –
auch ihren Eltern,
Verwandten und Freunden,
daß sie ihnen Spielraum lassen
und für sie eintreten.
Laß dein Gesicht leuchten.

Wir sind traurig mit der Familie . . .,
die vom Tod betroffen ist.
Wir bitten um Mut zum Leben,
daß wir den Weg annehmen,
den wir alle gehen werden.
Gib uns deinen Frieden.

Du Arzt der Gesunden und der Kranken:
Wir erleben,
wie es immer schwerer wird,
gesund zu bleiben
und wieder gesund zu werden.
Wir haben viele Arzneimittel,
wir haben große Krankenhäuser
und sind damit nicht glücklich.

Wir beten für alle,
die dort arbeiten und helfen,
daß sie gütig umgehen können
mit den Menschen
und sich nicht in ihren Kitteln
und hinter ihren Apparaten
verstecken.
Wir wünschen den Ärzten Geduld
und ruhige Ausdauer,
wenn die Wartezimmer überquellen.
Wir wünschen den Schwestern und Pflegern,
daß sie ihre Begabung entwickeln,
den Kranken als Engel zu begegnen.
Wir hoffen auf ihre Freundlichkeit,
auf eine Spur Güte
in jeder Handreichung.

Wir beten für alle,
die krank werden am Leben –
daß entdeckt wird,
was ihnen fehlt,
und sie wieder gesund werden.

Und wir beten für alle,
die vor sich haben,
daß sie sterben müssen:
Tröste sie, begleite sie
durch uns wie durch Jesus.

Erreiche uns, Gott,
mit der seltenen Liebe Jesu,
die uns Nähe und Befreiung schenkt.
Nicht ins Leere hinein
möchten wir hoffen und beten,
nicht hängenbleiben
in ausweglosem Verhalten
unserer zerstrittenen Welt.
Wir suchen die Ansätze und Wege Jesu
für eine menschliche Welt.

Wir lernen und beten in seinem Geist:
Laß uns zweifeln an Erfolgen,
erwachsen aus krankmachendem Druck.
Laß uns zweifeln
an glattzüngigen Begründungen,
die den Kurs der Machthaber stützen.
Laß uns zweifeln
an der Feindseligkeit,
zu der fanatischer Glaube verleitet.

Laß uns vertrauen
dem seltenen Verständnis,
das ärgerlich Schwache und Fremde
einbezieht in unsere vertrauten Kreise.
Laß uns vertrauen
der seltenen Freiheit,
die für das Wohl und das Recht
der Gegner eintritt
und so dem Frieden Brücken baut.
Laß uns vertrauen

der seltenen Liebe,
die verkümmertes Leben
behutsam zum Blühen bringt.

So denken wir an die Menschen,
von denen wir in diesen Tagen hören,
über die wir reden, die uns begegnen,
daß sie spüren können,
was wir hier beten.

Umhülle uns mit deiner Kraft,
wenn wir es uns zu leicht machen wollen
und wenn es schwer wird –
zu schwer für uns.
Umhülle uns mit deiner Kraft.
Dann werden wir überall
den Frieden erkennen,
den du in Jesus gestiftet hast.
Laß uns darin leben
und uns nicht verlieren
in dem Gestrüpp der Vorwürfe,
die wir mit Recht oder Unrecht
gegeneinander erheben.
Gib uns den Geist Jesu,
der in jedem Menschen
dein Bild entdeckt,
das ihn liebenswert macht.
So wird dein Reich wachsen
unter uns.
Wir denken an die Fremden,
denen wir begegnen;
an die Kinder und Jugendlichen,
deren Zukunft uns Sorgen macht;
an die Mitarbeiter und Vorgesetzten,
an die Kollegen und Freunde,
an die Verwandten und Nachbarn.
Wir denken an die,
die sich liebhaben,
und an die,
die allein sind;
an die Familien und alten Bürger,

an die Kranken und Traurigen;
an die Armen bei uns
und in der Welt.
Laß uns auferstehen
aus aller Enttäuschung und Angst;
gib uns neue Einfälle.
Umhülle uns mit deiner Kraft.

Gott, laß uns einen Anfang machen.
Du redest zu uns,
zeigst uns den anderen Weg,
öffnest uns die Augen
für deine neue Welt.
Laß uns damit einen Anfang machen,
den ersten Schritt gehen.
Laß uns Vertrauen haben zu dir.

Du nimmst uns in Schutz.
Laß uns die in Schutz nehmen,
über die schlecht geredet wird,
die man nicht mag.
Für uns ist gesorgt.
Lenke unsere Sorgen auf die,
die nicht zurechtkommen –
die einen brauchen,
der ihnen zuhört und beisteht.
Du befreist uns von Angst und Schuld.
Laß auch uns befreiend sein,
wohltuend und erlösend für andere.

Und wenn wir davon reden,
wie schwer wir es haben,
dann wecke in uns
das Gefühl des Glückes,
den Dank und die Freude deiner Geschöpfe.
Dann mach du uns bereit,
großzügig mit denen zu teilen,
die brauchen, was du uns gibst:
unser Können, unsere Sachen, unsere Zeit;

unsere Freude oder unseren Ernst,
unser verstehendes Zuhören
oder unser befreiendes Reden und Lachen.
Wir danken dir.

Gott des Lebens –
an uns
ist vieles schon gestorben,
und wir denken an Begraben.
Komm,
tauch auf unter uns
wie Frühlingssonne,
daß unsere Hoffnung
neue Säfte zieht.
Wecke uns zum Leben,
daß wir aufstehen
und unsere Hände
dir entgegenstrecken –
bis du
in unserer Mitte bist:
Unsere Zweifel schwinden,
und die Wunden heilen.
Die lähmende Angst
wird vergehen,
frei werden wir
uns unter die Menschen mischen
und mit ihnen
das Leben feiern.

Mitten in den vielen Worten
bringst du dich bei uns zu Gehör:
wo wir ungewöhnliche Einfälle
zu guten Lösungen führen;
wo verworrenes Gespräch sich klärt
und Fremde sich plötzlich verstehen.

Mitten in dem Geist unserer Zeit
regt sich dein Geist:
führt uns heraus aus Engherzigkeit
und kleinmütigem Gerede;
gibt der Freiheit Raum
für eigene Überzeugung.

Mitten in unserer Liebe
wacht deine Liebe auf:
läßt unser Reden behutsam sein
und wohltuend unser Helfen;
läßt uns andere nicht sanft beherrschen,
sondern zu sich selbst befreien.

Mitten zwischen den Fronten,
die wir gegen andere errichten,
bahnt sich dein Frieden an:
wenn wir auf fremde Lebensart und Ziele
eingehen können
ohne Furcht,
das eigene Gesicht zu verlieren.

Mitten unter uns, Gott,
bewegst du die Geschichte.

Gott über allen Völkern, guter Geist,
wir beten und sehnen uns
rund um die Erde mit allem, was lebt,
nach Frieden und Freiheit,
nach Recht und Gerechtigkeit
für alle Gruppen in der Gesellschaft,
für Menschen jeder Hautfarbe
unter den Nationen und Machtblöcken.

Gott über allen Völkern, guter Geist,
wir sehen,
wie rund um die Erde
der Mensch den Menschen verfolgt,
unterdrückt, einsperrt,
foltert und erschlägt.
Richte uns nicht,
wir sind gerichtet.
Bring deine Liebe unter uns auf,
sonst gehen wir verloren.

Gott über allen Völkern, guter Geist,
wir beten für alle,
die wie Jesus
auf der Seite der Unterdrückten stehen,
daß sie seinen Weg gehen,
nicht den Weg der Gewalt;
daß sie ohne Rachegedanken und Haß
ihrer Befreiung näher kommen –
und sie lebendig erleben.

Gott über allen Völkern, guter Geist,
wir beten für unsere Gegner
wie für uns selbst:
daß wir die Angst voreinander verlieren
und geduldig abbauen, was Angst erzeugt.
Laß uns auch die geschichtliche Entwicklung
der anderen wahrnehmen und achten,
damit wir uns nicht
gegeneinander aufstacheln.

Gott über allen Völkern, guter Geist,
stifte uns an,
dem Frieden zu glauben,
damit er kommt.

Gott, begleite uns mit deiner Wahrheit.
Zu uns selbst möchten wir finden
und zu anderen.
Um ehrliche Einsicht bitten wir,
wenn Defizite unter uns aufbrechen.

Begleite uns mit deinem Geist,
wenn wir nachdenken über Gerechtigkeit,
damit unser Recht alle einbezieht
und unser Bemühen um Frieden gelingt.

Halte uns an der Seite derer,
die sich Sorgen machen um unseren Staat
und seine verfaßten Rechte,
damit Freiheit am Leben bleibt.

Mit unserer Aufmerksamkeit begleite
die guten Einfälle,
die Bilder und Worte,
die unsere Öffentlichkeit prägen.

Laß uns von denen mit Achtung sprechen,
die in ihrer Verantwortung einsam wurden.

Gott, begleite uns mit deinem Geist
und mit der Liebe,
die besonnen tut, was nötig ist.

Die Kirchen, in denen wir beten,
die Häuser, in denen wir wohnen,
sind von Menschen geplant und gebaut,
die vor uns waren.
Wir leben in dem,
was sie uns hinterlassen haben;
wir arbeiten mit den Geräten,
die sie erfanden,
säen und ernten die Früchte,
die sie züchteten.
Wir können vertrauen und lieben,
weil sie uns Vertrauen und Liebe schenkten.

Gott des Lebens,
Schöpfer alles Menschlichen:
Laß uns staunend bewahren
die vielen Güter und Möglichkeit zum Leben,
die wir ererbten.

Gib uns Fantasie und Ausdauer,
daß wir in unserer Zeit
entwickeln und gestalten
deine Welt für uns Menschen:
daß wir Glauben haben für Enttäuschte,
Trost ausstrahlen für Traurige,
Gerechtigkeit hinbringen zu Hilflosen,
daß wir in Frieden kleiden deine ganze Erde
und liebendes Verhalten einüben für alle Kreaturen.
Damit wir unseren Kindern
eine Welt hinterlassen,
in der sie Grund haben

zu glauben und zu hoffen auf deine Zukunft,
angebahnt in der Liebe Jesu,
der wir entgegen leben und sterben.

Gott,
jenseits der Berge
um uns herum –
bist du.
Lock uns heraus
aus der vielen Arbeit,
in der wir uns verbiestern.
Laß uns freie Zeit –
Urlaub, Ferien,
damit wir Luft holen,
uns sonnen und baden.
Laß uns Erlebnisse sammeln
mit uns selbst,
mit unseren Familien,
mit den Freunden –
in anderen Gegenden
und unter anderen Menschen.
Daß wir uns entspannen
und anders als gewöhnlich
zu uns selbst kommen –
und zu den Unseren.
Daß wir uns Zeit lassen,
unser Leben zu genießen
in vollen Zügen.
Befreunde uns
mit unseren Gastgebern,
daß sie uns gerne haben
und gerne wiedersehen.
Und wenn die schöne Zeit zu Ende geht,
laß uns gesund heimkommen –
und unsere Freunde auch.

Laßt uns träumen,
es gäbe das gelobte Land:
Kinder kommen auf die Welt,
spielen Frieden
und reißen die Alten mit.
Die gedrückt waren,
fangen zu singen an;
die gebückt waren,
tanzen dazu und lachen.
Arbeit wird Spaß machen,
denn die Ernte ist gut,
den Tisch für alle zu decken.
Keine Herren mehr
und keine Sklaven.
Alle werden sich freuen am Leben,
und die Freude wird anstecken,
leuchten wird sie wie Feuer,
Schatten vertreiben.
Menschen können leben und sterben
– ohne Angst.
Friede auf Erden.
Gott, wenn du willst,
träumen wir nicht umsonst.

Weitschauender Gott,
gib uns deinen weiten Blick
für die Verflechtungen,
die unser Leben bestimmen.
Zeige uns,
wie wir daran mitknüpfen –
im überschaubaren Bereich
und in der großen Welt;
wenn wir der eigenen Arbeit nachgehen
und auch,
wenn wir Verantwortung für Entscheidungen
lieber anderen überlassen.
Bestärke die Liebe,
die sich zur Verfügung stellt –
auf weite Sicht.
Löse uns von der Einbildung,
wir könnten doch nichts ändern.
Laß uns deine Sprache sprechen,
die überholt,
was wir versäumt haben;
die befreit von kleinlicher Sorge
und Frieden sät.
So sagen wir Dank für unser Leben –
für unsere Armut und unseren Reichtum.

Gott im großen
wie im kleinen,
laß uns die Zusammenhänge erkennen,
Ursachen und Wirkungen,
Voraussetzungen und Folgen.
Laß uns nicht im Finstern tappen.
Daß wir loskommen
von dem unnützen Lamento
um die Welt
und um uns selbst.
Daß wir uns
mutig da einsetzen,
wo wir nötig sind,
und ohne Ängste Partei ergreifen
für jeden Menschen,
der unsere Solidarität braucht.
(Wir beten für . . .)

Laß uns das Wichtige
in den vielen Vorhaben herausfinden,
uns mit unserem Namen
und unserer Arbeit dahinterstellen
und dafür sorgen,
daß unsere Geschichte
im großen wie im kleinen
ein menschliches Gesicht annimmt –
dein Ebenbild.

Der Verkehr auf unseren Straßen
droht uns zu ersticken.
Ohne Gebote
sind die Ströme der Fahrzeuge
nicht mehr zu leiten.

Gott, deine Gebote
können uns helfen,
unser Leben zu regeln. –
Rege unsere Fantasie an
und unsere Initiativen,
wenn wir uns fürchten
vor dem wachsenden Verkehr.
Laß uns Straßen erfinden
und bauen,
auf denen Menschen
Vorfahrt vor den Autos haben,
auf denen wir wieder herumbummeln,
uns begegnen und ausruhen können.
Laß uns Verkehrsadern vorziehen,
die die Natur
und uns selbst schonen.

Wir beten für unsere Kinder
auf ihren Fahrrädern und Motorrädern,
daß sie unverletzt davonkommen.
Wir beten für unsere Alten,
die sich fürchten,
wenn sie über die Straßen müssen,
die wir befahren.
Wir beten für jeden,

der ein Auto fährt:
daß er sein Fahrzeug beherrscht –
und nicht beherrscht wird
von Angeberei und aufbrausendem Ärger.

Hilf uns, unsere Nerven
und die uns gegebenen Energien
nicht sinnlos zu vergeuden,
sondern menschenwürdig zu gebrauchen.

Gott, du wirst uns zugetan sein,
wenn wir in der Trauer um die Toten
nach Frieden suchen.

Wir haben Grund zu trauern –
nicht nur um die Toten der Kriege,
die Soldaten und Widerstandskämpfer,
die getöteten Frauen und Kinder,
die auf der Flucht und in Lagern Ermordeten.
Ihnen haben wir Denkmäler gesetzt
und den Frieden beschworen.

Wir haben Grund zu trauern –
traurig zu sein über uns selbst,
und daß sich so wenig geändert hat,
in unserer Art zu denken:
Wenig trauern wir um Menschen,
die getötet werden,
weil sie für Gerechtigkeit eintreten –
ermordet werden,
weil sie anderer Meinung sind;
die verfolgt werden,
weil sie anders aussehen,
die man verschwinden läßt,
weil sie Freiheit fordern.

Wir haben Grund zu trauern –
traurig zu sein über uns selbst,
weil wir nicht weit genug gehen
in der Sorge um unsere Kinder,
ihnen Kriege und Katastrophen

mit auf den Weg geben.
Unsere Politik
fürchtet den Preisanstieg mehr
als die Ungeduld der Dritten Welt.

Wir haben Grund zu trauern –
Gott, mach uns ehrlicher,
weitblickender – konsequenter –
auf der Suche nach Frieden.

Leuchte uns,
leuchte, Stern von Bethlehem!
Geh über uns allen auf
und schicke deine Strahlen
in unsere Nacht.
Führe uns hin zum armen Stall,
zur Wiege unserer Hoffnung:
zur Krippe,
in der das Kind geboren wird.

Leuchte uns,
dann können wir aufbrechen
und in Erfahrung bringen,
wo er zu finden ist,
der uns zu uns selbst erlösen wird.
Zieh vor uns her,
damit wir uns nicht verirren
im Irrgarten der Habseligkeiten und Träume.

Beschreibe uns den Weg,
und wir werden uns eilen
wie die Sterndeuter und Hirten –,
bis wir ankommen,
sehen und staunen
und uns dem Wunder entgegenbeugen,
das uns menschlich macht.

Leuchte uns,
leuchte, Stern von Bethlehem!
Zeig uns das Menschenkind
in jeder Gestalt:

Zeig uns die traumverlorenen Augen
hinter den Fensterscheiben ohne Licht.
Laß uns den Ernst der Fragen spüren
hinter der Stirn des Bärtigen.
Zeig uns den Alten in der Sozialwohnung,
der versonnen dem Spiel der Kinder zuschaut.
Zeig uns die Frau vor dem Zebrastreifen,
die im Rollstuhl zäh ihr Leben lernt.

Zeig uns das Kind,
das im Spielen
seine Angst vor Ungeheuern verliert –
und den Vater daneben,
der nicht mehr singen kann.

Leuchte uns,
leuchte, Stern von Bethlehem!
Dann wird ein Licht aufgehen;
und wir werden erkennen,
in welcher Gestalt
er zu finden ist,
der uns menschlich macht.

Gott, gib dich uns zu erkennen –
wenn wir uns unsere Gedanken machen,
wenn wir unsere Fragen stellen,
wenn wir unserer Eingebung folgen.
Überlaß uns nicht unserer Unschlüssigkeit,
gib das nötige Vertrauen in unsere Schritte
hin zu denen, die schwer zugänglich sind.

Gott, gib dich uns zu erkennen –
wenn wir Gerechtigkeit spüren,
wenn wir Güte erfahren,
wenn Treue uns anrührt.
Laß uns nicht darüber hinweggehen,
damit unsere Zweifel sich wandeln in Vertrauen,
unser Zögern in deine Hoffnung.

Gott, gib dich uns zu erkennen –
wenn wir herausgefordert werden
von denen, die uns lästig sind;
wenn wir reden müssen mit denen,
die den Ton angeben;
wenn wir Einfluß nehmen auf die,
die von uns abhängig sind.
Laß uns Zusammenhänge erkennen.
Gib deine Anfänge in unser Leben,
dein Wort in unsere Versuche.

Gott, gib dich uns zu erkennen.

Gott –
in jedem guten Wort,
das Angst überwindet
und Mut macht zu leben,
bist du uns zugewandt;
und so können wir uns
einander zuwenden – in Liebe.

Wir möchten leben
für das Beispiel Jesu,
das unser Denken bestimmt
und unsere Kirche begründet.

Gib uns Einfälle der Liebe,
damit, was von dir gesagt wird,
Menschen mit Wärme umfängt.
Laß es uns nicht lästig werden,
Menschen in ihrer Befangenheit
aufzusuchen
und – betroffen von ihrer Last –
ihr Leben mit ihnen auszuhalten.

So beten wir
für Bedrückte,
für Behinderte,
für Kranke,
für Gefangene.

Gott, bleibe uns zugewandt
und gib uns deinen guten Geist.

Register

Stichwort	A	B	C	D	E
Abendmahl	23, 36, 37	12, 19, 20, 26	12, 19, 20, 26	1	1
Abstand gewinnen	6			2, 8, 36	
Advent (s. auch Kommen Gottes)	1, 2, 32	1, 2	1, 2	3, 10, 17, 30	2, 17
allein gelassen	40	9, 31	9, 31	9, 18, 19, 26	1, 9, 25
Alltag	45	3, 5, 34	3, 34	4, 44	9
alte Menschen	9, 12, 20, 27 28, 38	7, 26, 32	7, 26, 32	24, 39	3, 15, 36
Altes – Neues	6, 35, 43	4, 14, 23, 34	4, 14, 23, 34	24	16, 24, 26, 28
andere, Beispiel für a.			8, 28, 37, 41		
andere, eintreten für a.	14, 37, 45	5, 13	7, 15, 26	2, 11, 32, 47	1, 11, 20, 22 24, 26
andere, Sorge für a.	5	42	42	15	26
andere, vergleichen mit a.	30	38	38	2	6, 15, 21
Anfänge (neuen Lebens)	5, 6, 9, 13	2, 8, 11, 18	2, 8, 11, 18, 41	7, 20, 25, 28	26, 39
Anfechtung	29, 30, 52	9, 17, 31, 41	9, 17, 31, 41	9, 27, 37, 51	1, 4, 5
Anfeindung	7, 30, 40, 52	17, 25	17, 25	37	29
Angeschlagenen helfen					4
angewiesen	27, 42				5, 18
Angst	3, 4, 21, 49, 52	10	10	32, 36	5, 29
Angst – Vertrauen	4, 11, 50, 51	5, 17, 41	5, 17, 41	9, 26	5
Ansprüche		6, 38, 39	38, 39		
Arbeit	5, 17, 18, 27 36, 39	29, 34, 39	29, 39	1	15, 32, 34

Stichwort	A	B	C	D	E
arm – reich	19, 37	24	13, 24	14, 17, 47, 50	7
Armut auf der Erde		24	24		
Armut, gesegnete					5, 14
Art, Jesu A.		20	20		
aufgerichtet, niedergeschlagen und a.	3, 4, 11, 21, 52	17, 21, 41	3, 17, 41	9	4
aufstehen				4	25
Auftrag	15, 45	11, 26	11, 38	28, 33	16, 30, 31, 35
Außenseiter	40, 41		5		
Aussicht	6			2, 8, 36	
Auswege		5		5	
Ausweglosigkeit		5		5, 6	24
bauen	5				
Bedrohung		31			
bedrückt		10, 29			40
Beerdigung					22
Befreiung	7, 49	3, 5, 10	3, 5, 10	6, 13, 17, 33, 36	6, 26, 29
Begeisterung	6	17, 18	22	38	6, 8, 33
Begleitung			5		30
Behinderte					40
Beispiel für andere			8, 28, 37, 41		
Belastung ertragen		6, 7	7		5, 25
Besitz	37				

Stichwort	A	B	C	D	E
Bewegung	35	14	14	7, 8, 17	8, 28, 29
Bild, übliches B.	33	14			
Bindung, Freiheit und B.				16	
Brücke des Vertrauens			25	9, 39	
brüderlich teilen	37	13, 24, 26, 36	13, 20, 24, 26	1, 15, 23, 28	7, 26
Bußgedanken	13, 43, 44, 47	8, 27	8, 27	32, 37	13
Chance			17		
Christliches Leben	8, 17, 18, 41 45, 53	4, 8, 9, 37, 42	4, 8, 9, 37, 42	14	8
Dank, dankbar	9, 11, 20, 24	7, 36	7, 36	15	10, 18, 26
Dankenswertes	39	7, 36	7, 15, 21, 28, 35, 36	23	8, 10, 18
Diakonie	37	13	13	28	23
Dunkelheit	21			27	17
durchblicken		39	39		
Ebenbild				10, 29, 40	25
eingestehen (Schwächen, Fehler)	41, 49	8, 27	27, 37	2, 45	17
Einklang				11	
Einsamkeit	10				
Einsichten	35	8	8	2	10, 19, 30

Stichwort	A	B	C	D	E
eintreten für andere	14, 37, 45	5, 13	7, 15, 26	2, 11, 32, 47	1, 11, 20, 22, 24, 26
Eltern	51	32	32	22, 24, 39, 44	3, 22
Empörung		8			
Engel	12, 21, 54	9, 41	12, 41	3, 4, 7, 36, 49	6, 23
Entfremdung	35				
Entscheidung (politisch)	5, 15, 42	23, 33	23	12, 38	34
Enttäuschungen		9		19	16
Entwicklungsländer (s. arm – reich, brüderlich teilen)					
Epiphanias	42, 53	12	12	13, 31	38, 39
Erbarmen, Gottes E.		12			
Erde	2	28, 35	28	21	7
Erfahrungen (mit Gott)	4, 6, 7, 11, 24, 50, 52	21, 32	6, 21	23, 45, 48	10, 17, 39
Erfüllung		41	41	21	
Erhaltung der Schöpfung	2			21	
erkennen, Zusammenhänge e.	17, 18	37, 39, 40, 42	37, 40, 42	44	7, 35, 39
Erlösung	7, 42	21	17	2, 6, 42	1, 16, 21
Ermutigung	51	3	3	14	10
Ernte	14, 48	26	26	23	33
Erntedank	12, 38, 39	26, 35, 36	35, 36	1, 15	33
ertragen, Belastungen e.		6, 7	7		5, 25

Stichwort	A	B	C	D	E
Erwählung	23, 32				
Erwartungen	1, 2, 33	1, 2, 40	1, 2, 38	17	2, 16, 33
Familie	20, 44	32	32	39, 45	9, 22, 32
Ferien	38, 39				32
festlicher Anlaß (s. Jubiläum)					
Frage nach Gott	2, 3, 6, 13, 22, 30	9	2	26, 30, 40, 42, 47	39
Frage nach Sinn	25, 41, 44, 46, 47	16	16	42	5, 35, 39
Freiheit	14	10	23	16, 47	5, 6, 11, 13, 29
Freiheit und Bindung				16	
frei werden	35, 49	10	42	32, 33, 38	6
Fremde				17	7, 25, 29
Freude	24, 48	34	34	29	33
freuen, sich f.	32, 48	11	11	6	33
Freunde	44		29	48	32
Freundschaft Gottes				18, 48	
Frieden	1, 15, 16, 33, 36, 42	11, 26, 41	11, 14, 15, 41	11	8, 12, 19, 20, 24, 25, 28, 29
Frieden, Suche nach F.					37
Frucht	17, 18	11			
fürchtet euch nicht	54	12	12, 31	36	6

Stichwort	A	B	C	D	E
Gebote	8, 17, 18	27, 32	27, 32	2	13, 36
Geburtstag, hoher G.					10
Gegensätze überbrücken					7, 8, 29
Geist (von Gott, von Jesus)	35	20, 22	20, 22	8, 12	8, 30
Geltung	47				
Gemeinde	13				
Generationen	20, 27	32	32		31
Gerechtigkeit	1, 15, 16, 19, 31, 42, 53	13	13	3	20, 24, 29
Geschenk, Leben als G.	9, 22, 38	36	20, 36	18, 43, 45	10, 31
Geschichte	9, 15, 20, 27 35, 42	19, 37, 42	19, 37, 42	2, 8	28, 31, 35
gesegnete Armut					5, 14
Gesundheit					23
getragen – verloren	3			9	
Gewalt	15, 16				12, 19, 29
Gewissen, gegen das G.	8				
Gewissen, schlechtes G.	49	27	27		
Gewißheit	30				
Glauben	8, 21, 50	9, 33		19	
Glauben, Kritik am G.	30				
Glauben, Leben und G.	8, 45	32, 33	32, 33	11	7
glaubwürdig			40		

Stichwort	A	B	C	D	E
goldene Konfirmation		7	7	23, 24	
Gott, Frage nach G.	2, 3, 6, 13, 22, 30	9	2	26, 30, 40, 42, 47	39
Gott, Freundschaft G.s				18, 48	
Gott, Kind G.s	53				
Gott, Knecht G.s	33				
Gott, Kommen G.s	2	1, 2, 11	1, 2	17, 30, 46, 49	1, 2
Gott, Kraft G.s					25
Gott, Lob G.s	12	7	13, 36	15	25
Gott, Parteilichkeit G.s	19, 23, 32				
Gott, Reich G.s	36	3, 9, 13, 25, 41	1, 2, 9, 13, 25	7, 20, 34, 46, 48	16
Gott, Rufen nach G.	4, 52				
Gott, zur Ruhe G.s kommen				49	
Gott, Sehnsucht nach G.	10, 42			26, 29	2, 16
Gottesdienst	13, 22, 45	32, 33	32, 33	8, 11, 22, 49	
Gotteswort – Menschenwort				30	
Gottvertrauen	4, 23, 24, 50, 51			34	
Güte	12, 15, 16, 22, 23 32, 49, 50, 53	5, 9, 20, 41	5, 9, 20, 41	34, 37, 41	23, 39
Hände	53	29, 39	5, 9, 12, 29	19, 28	15
heillose Welt		12			
Heilung	33	13	13	3, 44	4, 23, 27
helfen, Angeschlagenen h.					4

Stichwort	A	B	C	D	E
Herz, reines H.		25	25		
Hilfe	51	29	41, 42	48	4
Himmel			25	20	
Himmelfahrt	6, 31	14	14	20	11, 16
hören	40	22, 40	22, 40	22, 49	8, 28
Hoffnung	35, 42	3, 32	3, 30, 32	4, 21, 50	16, 27
Identität				10	
Jahreswende, -schluß	25, 26, 27	7, 13, 34, 41	7, 13, 34, 41	22, 24	17
Jubiläum	26, 28	7	7	23, 24	10, 18
Karfreitag	33	15	15	25, 32	19, 20, 21
Kasualien					22
Kind Gottes	53				
Kinder	20, 27, 39	32	32	39	19, 22, 31, 36, 37
Klage	29			18	
Knecht Gottes	33				
Kommen Gottes	2	1, 2, 11	1, 2	17, 30, 46, 49	1, 2
Konfirmanden					22
Konfirmation, goldene K.		7	7	23, 24	
Kraft zum Leben	4, 17, 24	29	18, 29	15, 19	6, 12, 25
Krankheit	33	16, 31	16, 31	5, 27	23

Stichwort	A	B	C	D	E
Kreuz	34	6	16, 19	32	21
Krieg	14	31, 42			12, 19
Kritik am Glauben	30				
kritisches Vertrauen					24
lachen – weinen	14	34	34	42	1
Land, neues	30				
Land, weites	52				
Land, wüstes	35				
Leben	35, 50			15	10, 20, 27
Leben als Geschenk	9, 22, 38	36	20, 36	18, 43, 45	10, 31
Leben, Anfänge neuen L.s	5, 6, 9, 13	2, 8, 11, 18	2, 8, 11, 18, 41	7, 20, 25, 28	26, 39
Leben, christliches L.	8, 17, 18, 41, 45, 53	4, 8, 9, 37, 42	4, 8, 9, 37, 42	14	8
Leben, Glauben und L.	8, 45	32, 33	32, 33	11	7
Leben, miteinander	5, 36, 44	2, 4, 14, 27, 42	2, 4, 10, 14, 26, 27, 31, 42	16, 26, 31, 41, 45	8, 10, 11
Leben und Tod	4	30, 31	3	42	20
Leben, Vertrauen im L.	38	5	5	42	10
Lebensweg	17, 18, 51			23	
Leid	11, 21, 29	16	16	9, 19, 27, 36	1, 20, 37
Leiden	40, 41, 52	13, 15, 19, 20, 28	13, 15, 19, 28	5, 25, 44	29
Leistung	32	29, 38	29, 38	2	6, 15

Stichwort	A	B	C	D	E
Letzte Sonntage	14, 27, 42, 46, 47, 48	16, 30, 31, 42	16, 30, 31, 42	18, 27, 43	12, 23, 31, 37
Licht	4, 53	12		13, 31	1, 38
Lichtblick	42				
Liebe	31	9	18, 20, 22	11, 19, 28, 29	8, 16, 24, 28, 40
Liebe erleben				29	
Liebe, gekreuzigte L.				37	
liebenswert					25
Lied, neues	32, 36	4	4	33, 34	6, 8
Lob Gottes	12	7	13, 36	15	25
Macht	19, 23, 32, 47	13, 28, 37	13, 28, 37	6, 11, 12, 41	24, 29
Magnifikat	19, 23, 32				
Maßstäbe					13
Menschen, alte M.	9, 12, 20, 27, 28, 38	7, 26, 32	7, 26, 32	24, 39	3, 15, 36
Menschenwort – Gotteswort				30	
miteinander leben	5, 36, 44	2, 4, 14, 27, 42	2, 4, 10, 14, 26, 27, 31, 42	16, 26, 31, 41, 45	8, 10, 11
Mut	51			4, 50	
nachdenken	44				
Nachfolge	33	4, 8, 9, 37	4, 8, 9, 37	32, 34, 35	5, 24, 40

Stichwort	A	B	C	D	E
Nächstenliebe	37	5, 20	5, 20	11, 28, 29, 50	26
Natürliches	35				
Neues – Altes	6, 35, 43	4, 14, 23, 34	4, 14, 23, 34	24	16, 24, 26, 28
neues Lied	32, 36	4	4	33, 34	6, 8
Nichts	3, 23				
niedergeschlagen, aufgerichtet und n.	3, 4, 11, 21, 52	17, 21, 41	3, 17, 41	9	4
öffnen, Türen ö.	1, 30				
Opfer, schuldige und unschuldige		28	15, 28		
Orientierung	13, 21, 25	39	39	35, 51	30
Ostern	4, 14, 50	17, 18	17, 18	4, 36	1, 27
Parteilichkeit Gottes	19, 23, 32				
Passion	33, 34	6, 16, 17, 19, 20	6, 16, 17, 19, 20	37	19, 21
Pessimismus		17, 21	21	5	
Pfingsten	35	22	22	8, 12, 38, 39	8, 28, 29
Politik	15, 19, 35, 42	13, 40	13	5, 12	24, 29, 30, 35, 36, 37
politische Entscheidung	5, 15, 42	23, 33	23	12, 38	34
Problemfälle					4
Ratgeber, falsche R.	17				
reich – arm	19, 37	24	13, 24	14, 17, 47, 50	7

Stichwort	A	B	C	D	E
Reich Gottes	36	3, 9, 13, 25, 41	1, 2, 9, 13, 25	7, 20, 34, 46, 48	16
Resignation		41			
Rettung	3, 4, 16, 24, 52	3, 41	3, 41	9	27, 29
Rettung, Verzweiflung und R.	4, 11, 29, 52	9, 29	9, 29	9	4, 27
Rufen nach Gott	4, 52				
Ruhe, zur R. Gottes kommen				49	
Saat	48	26	26		8
Schöpfung	38, 39	28, 35	28, 35, 36	1, 21, 29	8
Schöpfung – Erntedank	12, 38, 39	26, 35, 36	26, 35, 36	1, 15	33
Schöpfung – Umwelt		35	35		
Schöpfung, Zerstörung der S.		28	28		
Schritte, erste			8, 17		
Schuld	17, 20	25, 27	27	2, 45	19, 21, 26
Schuldgefühle	40, 41				
schwach – stark					5
Schwächen	41, 49				5, 16
Schweigen	40				
Segen	5			25	2, 5, 10, 14, 15
Sehnsucht nach Gott	10, 42			26, 29	2, 16
Selbstbewußtsein im Glauben	30, 41				
Selbsterkenntnis – Selbstfindung	43	19	6	2, 26, 40, 41	11, 30
Sinnfrage	25, 41, 44, 46, 47	16	16	42	5, 35, 39

Stichwort	A	B	C	D	E
Tod	4, 15, 46, 47	16, 30	12, 30	42	19, 20
Tod und Leben	4	30, 31	3	42	20
Totensonntag	27, 46, 47, 48	16, 30, 31	16, 30, 31	18, 27, 43	23, 31
Tradition, Umgang mit T.	45	14, 15, 18, 32, 33	32, 33	8	13
Trauer	11, 29, 48	30	30	19, 27, 43	37
Traum	14	9, 42	9, 42	13, 16, 21, 33	33
Traurige	50			19	1, 22, 37
Traurigkeit	29	31			
Trauung					22
trösten				42	
Türen öffnen	1, 30				
Überblick	17, 18	37, 39, 40, 42	37, 40, 42	44	34, 35
Überdruß		34	34		
Überraschungen			1, 34, 41	5, 42	
überzeugen			40		
Überzeugung	8				
Umwelt, Schöpfung und U.		35	35		
Unheil	2, 30	8			
Unterdrückte	14	13	13	4, 5, 33, 36, 38	11, 29, 33
Unzufriedenheit		36			
Urlaub	38, 39	10	10	4, 15, 44	32
Urteile		19		8	1, 16, 21

Stichwort	A	B	C	D	E
Utopie	14, 35, 36	8, 13	8, 13	7, 15, 20, 34	27, 33
Verantwortung	45	37	37	12, 14, 32, 47	7, 34, 35
Vergänglichkeit	27, 46				
Vergangenheitsbewältigung	9, 20, 26	6, 12, 15	6, 11, 15	2, 7, 20	12, 13
Vergeblichkeit	46				
Vergebung	49	27	27	9, 39, 45	13
vergleichen mit anderen	30	38	38	2	6, 15, 21
Verhältnisse, herrschende V.	19	1, 4, 13	13	5	28
Verkehr	16, 19, 44	8, 27, 28	8, 27, 28	6, 44, 51	36
verloren – getragen	3			9	
Verpflichtungen		6, 29, 39	29, 39		
Versöhnung			15, 18	32, 45, 48	
Verständigung					12, 28
verstehen, andere v.		13	13, 22		12, 19
Vertrauen	30, 39, 50, 51	5, 25	5, 25	27	10, 16
Vertrauen, Angst und V.	4, 11, 50, 51	5, 17, 41	5, 17, 41	9, 26	5
Vertrauen, Brücke des V.s			25	9, 39	
Vertrauen, Gott-	4, 23, 24, 50, 51			34	
Vertrauen, kritisches V.					24
Vertrauen im Leben	38	5	5	42	10
Vertrauen, Zweifel und V.				9, 51	11, 39
Verzagtheit			6		

Stichwort	A	B	C	D	E
verzetteln		39	39		
Verzweiflung und Rettung	4, 11, 29, 52	9, 29	9, 29	9	4, 27
Vorbild, schlechtes V.	17, 18				
vorletzter Sonntag	14, 42	42	42	27	12, 23, 37
Vorwürfe	40, 41, 49	38			21
Wahrheit	8, 22, 35, 43	40	33	10	5, 30
Wege	17, 18	5, 37	5, 9, 37		23, 30
Wege, neue W.	15, 43, 45	38	8, 38	32, 35, 37, 51	5, 26
Weihnachten	53, 54, 55	11, 12	11, 12	46, 47, 49	38
Weihnachten, vor W.					2
weinen – lachen	14	34	34	42	1
Weisheit	28				
Welt, heillose W.		12			
Wille Gottes	33, 45				
Worte	19, 40	22, 23, 32, 40	6, 32, 40	11, 30, 35	28
Wort Gottes	22, 43	22, 33, 40	22, 33, 40	22, 27, 30, 34	28, 39, 40
Wort Gottes – Menschenwort				30	
Wunder	32, 53	36	36	46, 48	8, 33
Wünsche		41	41		
Zeit Gottes			13	43	2
Zeit, unsere Z.	27, 38	39	39	12, 14, 43	10, 32

Stichwort	A	B	C	D	E
Zerstörung, Schöpfung und Z.		28	28		
Ziele	16, 46	28	33	51	28, 34, 35
Zivilcourage			28		
Zuflucht	35				
Zukunft	26, 35	42	42	7	31
Zusammenhänge erkennen	17, 18	37, 39, 40, 42	37, 40, 42	44	7, 35, 39
Zutrauen, Zuversicht		17	17, 25	50	
Zuwendung		9		24, 40, 48	40
Zweifel und Vertrauen				9, 51	11, 39